紅樓夢詩詞釋義

施仲謀・楊咸銀著

文　學　叢　刊

文史哲出版社印行

國家圖書館出版品預行編目資料

紅樓夢詩詞釋義 / 施仲謀, 楊咸銀著. -- 初
版. -- 臺北市：文史哲，民 97.08
　頁：　公分. --（文學叢刊；204）
　ISBN 978-957-549-803-0 (平裝)

1. 紅樓夢–詩詞–譯注 2.研究考訂

857.49　　　　　　　　　　97014321

文　學　叢　刊 204

紅樓夢詩詞釋義

著　　者：施　仲　謀・楊　咸　銀
出 版 者：文　史　哲　出　版　社
http://www.lapen.com.tw
登記證字號：行政院新聞局版臺業字五三三七號
發 行 人：彭　　　　正　　　　雄
發 行 所：文　史　哲　出　版　社
印 刷 者：文　史　哲　出　版　社
臺北市羅斯福路一段七十二巷四號
郵政劃撥帳號：一六一八○一七五
電話 886-2-23511028・傳真 886-2 -23965656

定價新臺幣二○○元

中華民國九十七年（2008）八月初版

序

　　《紅樓夢》詩詞曲賦是這部不朽巨著的精髓。它繼承和發展了《詩經》、《離騷》和唐詩、宋詞、元曲等爲代表的古典文學現實性的傳統。研讀這些詩作，不僅能從中汲取思想內容的精華，而且對繼承和發展民族文學的現實主義傳統藝術形式有著推陳出新的作用。用現代白話詩和語言翻譯這些詩篇，通過對照閱讀，體會原作內容與形式的和諧統一，對當今乃至未來詩歌發展都不無裨益，希望這本譯釋能起到古爲今用的作用。

　　《紅樓夢》的語言繼承和發展了古典小說、戲劇中的口語化語言，並把北京話提煉到爐火純青的地步。因此，閱讀這部影響深遠的巨著並不感到困難。但是其中的詩詞曲賦由於典化了大量古代歷史的、神話的、傳說的人物和事件，給一般讀者閱讀和理解這些詩作帶來了一定的困難。譯釋這些詩作，也許能幫助讀者克服文字和文學知識方面的困難，盡可能準確地理解詩句的含義，進而把握每篇詩作的思想內容，並體會其藝術風格。

　　《紅樓夢》是一部博大精深的歷史小說，它是封建社會走向衰亡的輓歌，而其中的詩詞曲賦又是這部燦爛文學名著的內容和情節的高度濃縮。如果把書中人物、情節的敘述和描寫看作是大樹的細枝密葉的話，那麼其中穿插的詩詞曲賦就是主枝和丫槎。本書意在通過詩作的譯文和注釋，讓讀者領略《紅樓夢》全書的主脈和主要人物的思想個性，進而體會小說的主題思想和藝術內涵。

　　曹雪芹筆下的是那個時代一個個活生生的人，他們中的每個人在豪門貴族家庭中的地位不同，命運也不同。一百一十多首詩篇鮮活地刻畫了各個人的身份、地位、脾性和命運歸宿。編寫本書的目的還在於：通過原作和譯文的對照，展現書中主要人物的不同情感和對現實人生的不同態度以及生活情趣的差異，從而更好地鑒賞和品味詩、詞、曲、賦這些文學形式的藝術魅力，品評那個時代的世態人情。

　　本書乃據現通行一百二十回高鶚改本爲主，編寫時參考了有關資料。筆者本著忠於原作、淺出易懂的原則，盡量保留了詩詞曲賦的句式整齊、音韻和諧、琅琅上口、誦讀流暢的特點。由於編寫者知識淺陋，譯釋中難免有疏漏和錯誤之處，敬請讀者批評指正。又本書於十年前曾少量印行，現經修訂，並蒙彭正雄先生協助，予以正式出版，謹致謝忱。

紅樓夢詩詞釋義　目錄

一、青埂峰頑石偈（第一回）

無才可去補蒼天，枉入紅塵若許年。

此係身前身後事，倩誰記去作奇傳。

【語譯】

我沒有才能去修補那殘破的青天，

白白地降生到凡塵俗世這麼些年。

這裏記的是我下凡前後親身經歷，

可又能請誰替我抄去作奇聞流傳？

【注釋】

⑴偈：爲梵語"偈陀"的省文，意譯爲"頌"，是佛經文學的一體。

⑵補蒼天：《淮南子·覽冥訓》："往古之時，四極廢，九州裂，天不兼覆，地不周載；於是女媧氏煉五色石以補蒼天，斷鰲足以立四極。"

⑶紅塵：塵埃，引伸爲繁華熱鬧的地方，佛家用它指人世間。

⑷若許：許，這樣；若許，像這樣。

⑸倩：請別人代自己做事。杜甫《九日藍田崔氏莊》："笑倩旁人爲正冠。"

二、題石頭記（第一回）

滿紙荒唐言，一把辛酸淚！
都云作者痴，誰解其中味？

【語譯】

通篇都是離經叛道的話，浸透著一把把辛酸眼淚！
都說作者是痴情的兒男，可誰能理解書中的精髓？

【注釋】

(1)題：記，引伸爲寫。寫在書、畫等物上的詩，叫題詩。

(2)荒唐言：原意爲不著邊際的話，引伸爲錯誤到使人覺得奇怪的思想、言行，乖謬之語。鄭光祖《一般錄雜述》：“乃此等惡劣小說盈天下，以逢人之情欲，誘以不軌，所以棄禮滅義，相習成風，載胥難挽也。”

(3)一把辛酸淚：《脂硯齋評》：“字字看來皆是血，十年辛苦不尋常。”又“能解者方有辛酸之淚，哭成此書，壬午除夕，書未成，芹爲淚盡而逝。”

(4)都云作者痴：痴，痴情。與曹雪芹同時代的人，把《紅樓夢》主題理解爲描寫愛情。《脂硯齋評》：“漫言紅袖啼痕重，更有情痴抱恨長”。永忠《因墨香得觀紅樓夢小說弔雪芹》：“傳神文筆足千秋，不是情人不淚流。”

(5)誰解其中味：味，滋味，比喻事物的眞諦；其中味，這裏邊的深刻道理，即作品的主題。魯迅：《絳洞花主·小引》“單是命意，就因讀者的眼光而有種種：經學家看見《易》，道學家看見淫，才子看見纏綿，革命家看見排滿，流言家看見宮闈秘事。"

三、賈雨村：對月有懷（第一回）

未卜三生願，平添一段愁。

悶來時斂額，行去幾回頭。

自顧風剪影，誰堪月下儔？

蟾光如有意，先上玉人樓。

【語譯】

　　我沒有預測這輩子命運如何，卻平白無故地增添許多憂愁。
　　心中煩悶了時常緊鎖著眉額，走到庭院裏無意中張望回頭。
　　看著孤影在輕風夜色中移動，誰能在月光下陪伴著我行遊？
　　月宮仙子如若有心拋條紅線，引我登上如花似玉的閨人樓。

【注釋】

⑴卜，占卜，向神靈禱告，引伸為預測。柳宗元《答韋中立論師道書》："僕自卜固無取。"辛棄疾《祝英台近·晚春》："試把花卜歸期。"

⑵儔：伴侶。李白《贈崔郎中宗之》詩："草木為我儔。"

⑶蟾光：月光。傳說月中有蟾蜍，因而又用作月的代稱。《宋史·樂志十五》："殘霞弄影，孤蟾浮天。"

四、賈雨村：對月寓懷（第一回）

時逢三五便團圞，滿把清光護玉欄。

天上一輪才捧出，人間萬姓仰頭看。

【語譯】

正趕上十五月亮團圓的時候，皎潔的銀光洒滿了玉石護欄。

天際中一輪滿月才剛剛升起，人世間千家萬戶都讚賞笑談。

【注釋】

⑴團圞：形容月圓。

五、跛足道人：好了歌（第一回）

世人都曉神仙好，唯有功名忘不了！

古今將相在何方；荒塚一堆草沒了。

世人都曉神仙好，只有金銀忘不了！

終朝只恨聚無多，及到多時眼閉了。

世人都曉神仙好，只有嬌妻忘不了！

君生日日說恩情，君死又隨人去了。

世人都曉神仙好，只有兒孫忘不了！

痴心父母古來多，孝順兒孫誰見了。

【語譯】

　　世間的人都知道去當神仙好，只是迷戀那功名富貴忘不了！
　　古往今來文臣武將現在何處：只剩一堆荒墳被野草湮沒了。
　　世間的人都知道去當神仙好，只是迷戀那金銀財寶忘不了！
　　每日每時只怨積攢的不夠多，等到聚積得多的時候卻死了。
　　世間的人都知道去當神仙好，只是迷戀那愛妻姣妾忘不了！
　　你活著她天天說你恩愛情深，你一死她就跟隨別人享樂了。
　　世間的人都知道去當神仙好，只是迷戀那子子孫孫忘不了！
　　傻心眼的爹娘自古以來就多，可是孝順的兒孫有誰看見了。

【注釋】

⑴荒塚：長滿野草的墳。
⑵終期：原指自天亮到早飯的一段時間，這裏是從早到晚的意思。

六、甄士隱：好了歌解（第一回）

　　陋室空堂，當年笏滿床；衰草枯楊，曾為歌舞場，蛛絲幾結滿雕梁，綠紗今又在蓬窗上。說甚麼脂正濃粉正香，如何兩鬢又成霜？昨日黃土隴頭埋白骨，今宵紅綃帳底臥鴛鴦。金滿箱，銀滿箱，轉眼乞丐人皆謗；正嘆他人命不長，那知自己歸來喪？

訓有方，保不定日後作強梁。擇膏粱，誰承望流落
在煙花巷！因嫌紗帽小，致使鎖枷扛；昨憐破襖寒，
今嫌紫蟒長。亂哄哄你方唱罷我登場，反認他鄉是
故鄉；甚荒唐，到頭來都是為他人作嫁衣裳。

【語譯】

那簡陋的臥室和空蕩的廳堂，當年卻是象簡板笏堆滿牙床。
那生滿萎草和枯乾楊柳之處，曾經是演出輕歌曼舞的戲場。那雕
梁畫棟早被蜘蛛結滿網，破敗的窗戶如今又糊上綠紗。說甚麼年
紀輕輕胭脂濃花粉香，卻怎麼轉眼間兩鬢蒼蒼如秋霜。昨日才在
黃土丘上掩埋了白骨，今夜卻又在紅綃帳裏結對成雙。說甚麼積
攢了金滿箱啊銀滿箱，轉眼間變成乞丐受人嘲弄毀謗；正在嘆息
著別人的生命太短暫，哪裏想到自己回到家就一命亡？且不要誇
口教訓兒孫嚴格有方，可保住將來子弟變成盜賊強梁。費盡心機
挑選富家子弟結姻親，誰料想到頭來竟淪落在煙花巷。有些人因
嫌官小拼命鑽營往上爬，卻不料反落得枷鎖頸脖上扛；昨天還哀
嘆衣不蔽體挨冷又受凍，如今倒嫌紫金蟒袍拖地太長。喧鬧吵嚷
中這個倒台那個又登場，忙碌終身啊竟把他鄉作故鄉；所有這些
多麼令人可笑又荒唐，說到底這分明都是為別人作嫁衣裳。

【注釋】

(1)笏滿床：笏，古代朝見時大臣所執的手板，用象牙或木頭製
　成，所以又稱象簡，用以記事以備忘，因此又稱版。柳宗元
　《答韋中立論師道書》："薦笏言於卿士。"笏滿床，是指家
　中做官的人很多。

(2)黃士隴：隴通壟；黃土隴，黃土丘，這裏指墳地。

(3)強梁：兇暴強橫。

(4)膏梁：膏，肥肉；梁，精米。古代稱富家子弟為膏梁子弟，這裏是“膏梁子弟”省文。

(5)煙花巷：煙花，妓女的代稱；巷，胡同；煙花巷，開妓院的地方。

(6)他鄉是故鄉：這裏的“他鄉”指功名富貴、妻室兒孫等塵世生活；“故鄉”指超脫一切塵世生活而歸於空幻虛無或死亡。

(7)為他人做嫁衣裳：秦韜玉《貧女》詩：“苦恨年年壓金線，為他人做嫁衣裳。”這裏的意思是空為別人忙碌。

七、《西江月》二首（第三回）

　　無故尋愁覓恨，有時似傻如狂；縱然生得好皮囊，腹內原來草莽。潦倒不通庶務，愚頑怕讀文章；行為偏僻性乖張，那管世人誹謗。

　　富貴不知樂業，貧窮難耐淒涼；可憐辜負好時光，於國於家無望。天下無能第一，古今不肖無雙；寄言紈褲與膏梁；莫效此兒形狀。

【語譯】

　　無緣無故尋找憂愁和哀傷，有時竟像賣傻又像是瘋狂。

盡管上天賜他一個好模樣，仕途經濟從來不往心裏想。
荒唐頹廢不會應酬交際場，愚笨固執害怕研讀好文章。
行為不合世俗性情違綱常，管他世上說三道四任誹謗。

富貴時不會操持守住家業，貧窮了又耐不住飢寒淒涼；
可恨浪費了多少大好時光，治國安邦齊家創業沒希望。
天下人要算他最沒有能耐，古今不肖子孫無人比得上；
送給世上浪蕩子弟一句話：可別效仿這個孩兒的模樣。

【注釋】

⑴好皮囊：佛家認為人的靈魂是不死不滅的，而人的肉體是為靈魂提供了一個暫時依托，好像一個皮肉的口袋；這裏指好看的外貌。

⑵腹內句：草莽，空虛，淺薄，不學無術。《紅樓夢》三十五回：傅試家的婆子說："怪道有人說他們家的寶玉相貌好，裏頭糊塗，中看不中吃……"

⑶潦倒句：潦倒，窮困而倒霉，精神頹廢；庶務，各種事務。

⑷愚頑句：指賈寶玉思想愚昧，不開竅，不識時務。《紅樓夢》八十二回：寶玉接著說："還是甚麼念書？我最厭這些道學經。更可笑的是八股文章，拿他誆功名，混飯吃，也罷了，還要說'代聖賢之言'！"

⑸行為句：行為偏僻，指行為與世俗的要求相差太遠；性乖張，指思想性格不合正統思想的標準。

⑹那管句：指封建正統勢力對賈寶玉的指責。

⑺於國句：賈府曾把齊家治國的希望寄托在賈寶玉身上，然而卻落了空，所以說"無望"。

(8)古今句：肖《說文》："骨肉相似也"不肖，指賈寶玉的思想
　　與封建正統思想沒有共同之處。

(9)寄言句：寄言，即贈言；紈，絲織品；膏粱，好菜好飯。紈褲
　　和膏粱都是富貴人家的衣食，用它代稱富貴而又不學無術的子
　　弟。

八、護官符（第四回）

　　賈不假，白玉為堂金作馬。阿房宮，三百里，
住不下金陵一個史。東海缺少白玉床，龍王來請金
陵王。豐年好大"雪"，珍珠如土金如鐵。

【語譯】

　　賈府的財勢浩大不虛假，白玉砌廳堂，黃金鑄駿馬。阿房宮
方圓三百里，住不下金陵那個姓史的。東海龍宮缺少白玉床，龍
王還求金陵王家幫個忙。豐收之年好大"雪"，把珍珠看成土黃
金當作鐵。

【注釋】

(1)賈不假：指賈家，即榮國府和寧國府；不假，即名不虛傳。

(2)白玉句：比喻賈家的富貴豪華。白玉，《古樂府》："黃金為
　　君門，白玉為君堂。"金馬，漢代未央宮前置銅馬，名其門為
　　金馬門。

(3)阿房宮：秦朝的宮殿，後為項羽焚毀。《史記·始皇本紀》：

"始皇以爲咸陽人多，先王之宮庭小……作宮阿房，故天下謂
之阿房宮。"三百里，杜牧《阿房宮賦》："覆壓三百餘里，
隔離天日。"

⑷金陵句：金陵一個史，指史家，即賈母娘家，南京史侯之府。

⑸龍王句：金陵王，指王家，即賈政妻王夫人和賈璉妻王熙鳳的
娘家。

⑹豐年句：雪，"薛"的諧音，指薛家。

九、警幻仙姑賦（第五回）

　　方離柳塢，乍出花房。但行處，鳥驚庭樹；將
到時，影度回廊。仙袂乍飄兮，聞麝蘭之馥郁；荷
衣欲動兮，聽環佩之鏗鏘。靨笑春桃兮，雲髻堆翠；
唇綻櫻顆兮，榴齒含香。盼纖腰之楚楚兮，風回雪
舞；耀珠翠之的的兮，鴨綠鵝黃。出沒花間兮，宜
嗔宜喜；徘徊池上兮，若飛若揚。蛾眉欲顰兮，將
言而未語；蓮步乍移兮，欲止而仍行。羨美人之良
質兮，冰清玉潤；慕美人之華服兮，閃爍文章。愛
美人之容貌兮，香培玉篆；比美人之態度兮，鳳翥
龍翔。其素若何：春梅綻雪；其潔若何：秋蕙披霜。
其靜若何：松生空谷；其艷若何：霞映澄塘。其文

若何：龍遊曲沼；其神若何：月射寒江。——遠慚西子，近愧王嬙。生於孰地？降自何方？若非宴罷歸來，瑤池不二；定應吹簫引去，紫府無雙者也。

【語譯】

　　彷彿鳥兒剛離開柳林，又像蝴蝶將飛出花叢。

　　只要美麗的仙子走到哪裏，院中的鳥兒就在樹上驚慌。

　　她的腳步將要接近的時候，身影兒早過了九曲回廊。

　　仙子的衣服剛一飄啊，早聞到蘭麝那濃郁的芳香；

　　荷花般的衣裙將要飄動啊，先聽到環佩聲叮噹作響。

　　臉上的笑窩像是春桃啊，流雲似的髮髻像青山堆在耳邊；

　　微張的嘴唇猶如櫻桃啊，石榴子般的牙齒含著清香。

　　看那苗條而勻稱的腰肢啊，恰似雪花飄舞微風回盪；

　　像珠玉釵環的光彩輝映啊，是描眉的"鴨綠"貼額的"鵝黃"。

　　在百花叢中時隱時現啊，嫵媚的生氣和莞然喜笑一樣。

　　在清水池邊流連賞玩啊，風吹衣帶像是在空中飄然。

　　蠶絲般的眉兒將要皺起啊，似乎想要說話卻未發出聲響。

　　像踏蓮花的腳步剛挪動啊，想要停下卻仍然細步前方。

　　我羨慕麗人的良好品質啊，像冰那樣清澈像玉那樣明亮。

　　我愛慕美人的華麗衣裳啊，燦爛的花紋閃爍發光。

　　我喜愛麗人的花容月貌啊，如同香料揑就玉石雕成一樣。

　　將美人神態風度打個比方啊，像鳳在飛舞又如龍在翱翔。

　　她的潔白像是甚麼：如同早春的白梅帶雪開放；

　　她的純潔像又是甚麼：好似秋天的蕙草披層淡霜。

她的嫻靜像是甚麼：猶如青松婷立幽谷那樣；

她的嬌艷像是甚麼：彷彿朝霞映紅清澈的池塘。

她的文雅像是甚麼：好像蛟龍在曲折池沼裏遊蕩；

她的神采像是甚麼：猶如皎潔的月光照射寒江。

——這樣的容貌，遠使西施慚愧，往近說，也使昭君羞慚。

美人啊，你生在甚麼處所，又來自甚麼地方？

你若不是才赴王母宴會來，瑤池裏最俊俏的仙姑；

也一定是乘風吹簫飛去的，紫微宮裏無與倫比的弄玉下凡。

【注釋】

(1)回廊：廊，廳堂邊上供人遊走的地方；回廊，曲折的走廊。

(2)袂：衣袖，《左傳・哀公十六年》："子西以袂掩面而死"

(3)荷衣：用荷花做的衣裳。屈原《離騷》："製菱荷以爲衣，集
芙蓉以爲裳"。

(4)靨：面頰的笑坑，俗稱酒窩。

(5)雲鬢堆翠：雲鬢，雲彩形狀的髮髻；翠，青綠色，山色稱翠，
李白《廬山謠》："翠影紅霞映朝日。"

(6)風回雪舞：旋風吹得雪花飛舞，曹植《洛神賦》："飄飄兮若
流風之回雪。"

(7)娥眉：蠶蛾，其觸髮細長而彎曲，故用它比喻女子的眉毛。

(8)閃爍文章：閃，火光跳動的樣子；爍，光亮閃動；文章，紋
章，指顏色花紋錯雜相間。

(9)鳳翥龍翔：翥，鳥飛，鳳翥，鳳凰高飛，《楚辭》："鸞鳥軒
翥而翔飛。"翔，翱翔。

(10)的的：鮮明、光亮的樣子，宋玉《神女賦》："朱唇的其若
丹。"許慎《說文》："的，明也。"

⑾素：未染的絲，這裏作白色解。

⑿西子：西施，春秋時越國人，後被越王勾踐獻於吳王夫差。

⒀王嬙：即王昭君，漢元帝時宮女，後遠嫁匈奴。

⒁瑤池：神話中的仙境，爲西王母所居，《穆天子傳》：「觴西王母於瑤池之上。」

⒂吹簫：《列仙傳拾遺》：「簫史善吹簫，作鸞鳳之響。」秦穆公有女弄玉，善吹簫，公以妻之，遂教弄玉作鳳鳴。居十數年，鳳凰來止。公爲作鳳台，夫婦正其上。數年，弄玉乘風，簫史乘龍去。

⒃紫府：仙府。天宮又叫紫微宮。天上恆星有王垣，紫禁垣居中央，大微垣、天市垣陪設兩旁。古時人認爲天皇住在天宮裏，所以天宮又稱紫微宮。

十、《金陵十二釵又副册》判詞（第五回）

晴雯

　　霽月難逢，彩雲易散。心比天高，身爲下賤。風流靈巧招人怨。壽夭多因誹謗生，多情公子空牽念。

【語譯】

　　雨後的明月多麼難遇，燦爛的雲霞容易消散。剛強的心願比天還高，自己為奴婢那樣下賤。嫵媚聰明招來了恨怨。年紀輕輕就死去，只因誣蔑和流言，那痴情的公子，只有白白地牽掛和思念。

【注釋】

⑴霽月句：霽，雨後天晴；霽月，雨後月出，暗含"晴"字。彩雲，成花紋的雲彩，暗含"雯"；難逢和易散，寓晴雯的遭遇很不好。

⑵心比天高：指晴雯剛強不屈的性格。《紅樓夢》三十七回：秋紋誇耀自己得了王夫人賞的衣服，晴雯說："要是我，我就不要。若是給人剩下的給我，也罷了；一樣這屋的人，難道誰比誰又高些？把好的給他，剩下的給我，我寧可不要，衝撞了太太我也不受這口氣。"

⑶風流句：風流靈巧，指晴雯的美麗聰明；招人怨，《紅樓夢》七十七回：襲人道："太太只嫌她生的太好了，未免輕狂些。太太是深知這樣美人似的人，心裏是不能安靜的，所以很嫌她。"

⑷壽夭句：夭，未成年死去叫夭；壽夭，年歲不大就死去了。誹謗，說人家壞話，毀壞人家聲譽。《紅樓夢》七十四回：王善保家的道："別的還罷了，太太不知，頭一個是寶玉屋裏的晴雯那丫頭……太不成體統了。"

⑸多情公子：指賈寶玉。

襲人

> 枉自溫柔和順，空雲似桂如蘭。
>
> 堪羨優伶有福，誰知公子無緣。

【語譯】

　　說甚麼性情溫柔心地和善，空誇品行純正像秋桂春蘭。

　　多麼令人羨慕那藝人有福，誰也沒料到公子和她無緣。

【注釋】

⑴枉自句：溫柔和順，即溫柔敦厚；桂、蘭，香草，古人常用它
　　比喻人的美好品德。

⑵堪羨句：堪，可以，能夠；優伶，舊時指歌舞戲劇藝人，這裏
　　的優伶，指蔣玉函，襲人後來做了他的妻子。

十一、《金陵十二釵副冊》判詞（第五回）

香菱

根並荷花一莖香，平生遭際實堪傷。

自從兩地生孤木，致使香魂返故鄉。

【語譯】

　　菱根兒挨著蓮花一脈芳香，一生的命運真太令人悲傷。

　　自從那薛蟠取了夏家金桂，致使美麗的魂靈返回黃泉。

【注釋】

⑴根並荷花句：荷花，又名蓮花，隱含香菱，原名英蓮。一莖，
　　即一枝，一脈；香，隱含香菱的“香”字。這句用香菱兩字指
　　她不同時期的名字，隱括了她的一生。

⑵半生句：半生，一生；遭際，遭遇，命運。《紅樓夢》六十二

回："寶玉……低頭心下暗想；可惜這麼個人，沒父母，連自己本姓都忘了，被人拐出來，偏又賣給這個霸王。"

(3)兩地生孤木：這是個字迷。孤木，一個木，即木字旁；地，土也，兩地是兩個"土"字，合起來是"桂"字，隱含夏金桂的名字。

(4)致使句：香魂，專指女人的靈魂；故鄉，指靈魂原來所在的地方；返故鄉，回到原來的地方，即"死"的委婉說法。

十二、《金陵十二釵正冊》判詞（第五回）

林黛玉與薛寶釵

可嘆停機德，堪憐詠絮才！
玉帶林中掛，金簪雪裏埋。

【語譯】

可嘆一個像孟母那樣賢德，可惜一個有謝道蘊的詩才。
腰中的玉帶竟在林中高掛，頭上的金簪又被冰雪掩埋。

【注釋】

(1)停機德：劉向《列女傳》："孟子之少也，既學而歸，孟母方織。問曰：'學何所至矣？'孟子曰：'自若也。'孟母以刀斷其織，孟子懼而問其故。孟母曰：'子之廢學若吾斷斯織也……'孟子懼，且夕勤學不息，師事子思，遂成天下之名。"這裏指薛寶釵。

(2)詠絮才：謝道蘊，謝晉奕女，王凝之妻。一日值大雪，叔謝安問：“何所擬？”謝安侄謝朗曰：“撒鹽空中差可擬。”道蘊曰：“未若柳絮因風起。”眾稱許之。事見《晉書·王凝之妻謝氏傳》，後來就稱詠雪為詠絮，把女詩人叫做有詠絮之才。這裏指林黛玉。

(3)玉帶林中掛：諧“黛”音，“玉帶林”，即“林黛玉”三字倒念。玉帶本是腰中之物，今掛林間，不是正常現象，寓林黛玉的命運可悲。

(4)金簪雪裏埋：金簪喻寶釵；雪諧“薛”音。“金簪雪”，寓薛寶釵的名字。“雪裏埋”，喻薛寶釵成了封建正統思想的繼承人。

賈元春

二十年來辨是非，榴花開處照宮闈；

三春爭及初春景，虎兔相逢大夢歸。

【語譯】

　　進宮二十年才辨出是非，火紅榴花競放燦照宮闈。

　　三春時節哪抵早春美景，狡兔遇猛虎就命喪身摧。

【注釋】

(1)二十年句：二十年，約數；辨是非，指元春後來感到入宮作皇妃，“是到了那見不人的去處。”

(2)榴花句：榴花火紅，比喻元春在宮中生活奢華；闈，宮中的側門；宮闈，后妃居處。這裏指元春晉升賢德妃一事。（她入宮時只是做女史）

(3)三春句：三春，春季三個月依次稱爲孟春、仲春、季春，這裏寓指迎春、探春、惜春三人。爭及，怎及；初，開始，元，也爲開始，故初春寓指元春。這裏指迎、探、惜三春比不上元春榮耀。

(4)虎兔句：虎兔，指虎年和兔年。虎兔相逢，《紅樓夢》九十五回：小太監傳諭出來，說：〝賈娘娘薨逝。是年甲寅年十二月十八日立春，元妃薨日，是十二月十九日，已交卯年寅月。〞甲寅年爲虎年，卯年爲兔年，按太陰曆，甲寅未完，按天文曆，卯年已開始，所以說虎兔相逢。大夢，佛家稱〝人生如夢〞；歸，回；大夢歸，夢醒，即死亡。這句隱喻元春入宮作皇妃的必然結局。

賈探春

才自清明志自高，生於末世運偏消；
清明涕泣江邊望，千里東風一夢遙。

【語譯】

才能拔萃也有高遠的志向，生在衰亡時代命運偏不強；
清明時含淚思親到江邊望，夢隨東風回到遙遠的家鄉。

【注釋】

(1)才自句：《紅樓夢》一百回：寶釵聽的明白，也不敢作聲，只是心裏叫苦：〝我們家的姑娘就算她是尖兒。〞

(2)生於句：末世，衰亡的時代；運，氣數，命運；消，消退。

(3)江邊望：寓探春遠嫁海疆，思親望鄉。

(4)千里句：寓探春遠嫁，骨肉分離，只有在夢中才能與家人相見。

史湘雲

富貴又何為？襁褓之間父母違；

展眼弔斜輝，湘江水逝楚雲飛。

【語譯】

　　生在富貴的人家又能怎樣？還在幼兒時父母離世陰歸；

　　放眼遠望只在夕陽裏憑弔，只見湘江流水和楚天雲飛。

【注釋】

⑴富貴句：富貴，指史湘雲家的財勢，《紅樓夢》四回："阿房宮，三百里，住不下金陵一個史。"又何為，又能怎樣？

⑵襁褓句：襁，背小孩所包的被；褓，背小孩所用的網繩；襁褓之間，嬰兒時。違，離；父母違，父母死去，俗稱回到陰曹地府。

⑶展眼句：展，放；斜陽，夕陽；弔，憑弔。這句暗指史湘雲晚年的命運不佳。

⑷湘江句：湘江，隱一"湘"字；楚雲，隱一"雲"字，因湘江在湖南，古為楚地，故稱楚雲。這裏用湘江逝去、楚雲飛散兩個象徵性景物，暗示史湘雲後半生將如水逝雲飛那樣衰落貧困，無濟餘生。

妙玉

欲潔何曾潔，云空未必空；

可憐金玉質，終陷淖泥中。

【語譯】

想保持潔白又怎麼可能，說棄絕塵世未必行得通；

可憐金玉般的純潔之身，終究還陷在污泥濁水中。

【注釋】

⑴云空句：空，佛家用語，指超脫一切具體事物和社會生活進入一種虛無的境界，認為這才是一切事物的真諦。云空，說要達到空的境界。未必空，指妙玉與賈寶玉約會相見後神魂顛倒，春心萌動，想入非非的情況。（見《紅樓夢》八十七回）

⑵金玉質：指其品德高尚，出身高貴。《紅樓夢》十七回："外有一個帶髮修行的，本是蘇州人氏，祖上也是讀書仕宦之家，因自幼多病，買了許多替身，皆不中用，到底這姑娘入了空門，方才好了，所以帶髮修行，今年十八，取名妙玉。"

賈迎春

> 子系中山狼，得志便猖狂；
>
> 金閨花柳質，一載赴黃粱。

【語譯】

你是一隻忘恩負義的狼，一飛黃騰達就更加猖狂。

高貴繡房花柳那樣美好，一年就被摧殘萎謝身亡。

【注釋】

⑴子系句：子，你；系，是；子、系為孫的折字，隱賈迎春的丈夫孫紹祖的姓。中山狼，宋謝良和明馬中錫都著有《中山狼傳》，寫趙簡子在中山打獵，射傷一隻狼，被東郭先生所救。狼不但不報恩，反而要吃掉郭先生。後來遇見了仗藜老人，設

計處死了狼。因此人們把兇狠殘忍、忘恩負義的人稱作中山狼。這裏借喻賈迎春將嫁給一個忘恩負義、兇狠殘忍的人。

(2)金閨句：閨，閨閣，舊時貴族婦女的住房；金，形容閨閣的華麗、高貴；花柳，舊時用花柳形容富貴人家婦女的體態。

(3)一載句：載，年。黃粱夢，唐沈既濟《枕中記》：盧生在邯鄲遇見呂翁，自嘆貧窮，呂翁給他一個枕頭，盧生伏枕入睡，娶妻生子，享盡富貴，等到夢醒後，一切消失，黃粱飯還沒有做成。後來人們用黃粱夢喻人世的空虛，這裏喻死亡。《紅樓夢》一百九回："可憐一位如花似月之女，結褵年餘，不料被孫家揉搓，以致身亡。"

賈惜春

> 勘破三春景不長，緇衣頓改昔年妝；
> 可憐繡戶侯門女，獨臥青燈古佛旁。

【語譯】

識破了暮春的盛景不久長，黑色道服改盡了當年紅妝。
可嘆侯門閨秀中千金小姐，孤獨地臥守在昏燈佛像旁。

【注釋】

(1)勘破句：勘，仔細審查；勘破，即看破。三春，指季春月，是春季的最後一個月；也指元、迎、探三春。惜春從他們三人"景不長"中看破了世態人情，決心出家修行。

(2)緇衣句：緇衣，黑色的衣服，指道裝。《紅樓夢》一百十九回："看見惜春道姑打扮，心裏很不舒服。"

(3)繡戶：富貴人家的閨房。

⑷青燈：清冷的燈光，這裏指道觀幽暗的燈光。

王熙鳳

> 凡鳥偏從末世來，都知愛慕此生才；
>
> 一從二令三人木，哭向金陵事更哀。

【語譯】

　　鳥中鳳凰生不逢時遇末代，衆人都誇她有能耐又有才；

　　遭遇的卻是聽從冷淡休棄，哭返金陵的結局更叫人哀。

【注釋】

⑴凡鳥："鳳"的析字，隱喻王熙鳳的名字。

⑵一從二令三人木：析字，二令爲"冷"，人木爲"休"，指賈
　璉對王熙鳳態度的變化分三個階段：起初是聽從，然後是冷
　淡，最後是休棄。

⑶哭向句：指王熙鳳魂返金陵，歸入十二釵册。（見《紅樓夢》
　一百十四回）

巧姐

> 勢敗休云貴，家亡莫論親；
>
> 偶因濟村婦，巧得遇恩人。

【語譯】

　　勢運衰落就不必說當年高貴，家業凋零也不要講骨肉至親；

　　只因曾偶然幫助一個農家女，後來才湊巧遇到了救命恩人。

【注釋】

⑴家亡：即家業凋零，指賈府被抄家後衰敗。

⑵偶因句：村婦，指劉姥姥，《紅樓夢》一百十八、一百十九回寫到王仁、賈芸拐賣巧姐，被劉姥姥救了。

⑶巧得句：嵌一巧姐的“巧”字。

李紈

桃李春風結子完，到頭誰似一盆蘭；

如冰水好空相妒，枉與他人作笑談。

【語譯】

　　春風桃李開花結籽再凋殘，到後來誰像她幸運有香蘭；

　　冰水雖好難免消融空嫉妒，白給別人當作無謂的笑談。

【注釋】

⑴桃李句：桃李，嵌一“李”字，結子完，完與“紈”同音，暗寓李紈名字。李紈，賈珠妻。結子，李紈生賈蘭後不久，丈夫就死了，故曰“結子完”。

⑵一盆蘭：指賈蘭。《紅樓夢》四回：珠雖夭亡，幸存一子，取名賈蘭。

⑶如冰句：用容易消融的冰水來比喻李紈尊禮守節，望子成龍，雖然賈蘭做了官，李紈也博得了一個“美名”，但這一切都像冰水一樣無謂，不免爲了取笑。

秦可卿

> 情天情海幻情深，情既相逢必主淫；
>
> 漫言不肖皆榮出，造釁開端實在寧。

【語譯】

天闊海深的男女間情事，迷離恍惚使人越陷越深；

兩個浪蕩人兒既然相遇，邪念定會攪動他們的心。

不要說他們是無用子孫，全部都是出自榮府賈門。

最初敗壞賈氏門風的人，其實還是寧國府的孽根。

【注釋】

(1)秦可卿：賈蓉之妻，賈珍的兒媳婦。

(2)漫言；隨便說說。

(3)造釁句：造釁，造成裂痕，這裏指敗壞禮教家風。端，開始，《紅樓夢》二回：「這位珍爺那裏幹正事？只一味享樂不了，把那寧國府竟翻過來了，也沒有敢來管他的人。」

十三、《紅樓夢十二支曲》（第五回）

紅樓夢引子

> 開闢鴻蒙，誰為情種，都只為風月情濃。奈何
>
> 天，傷懷日，寂寥時，試遣愚衷：因此上，演出這

悲金悼玉的《紅樓夢》。

【語譯】

　　從開天闢地混沌初分以來，甚麼人是天生的情種？都只因有著兒女濃情。在這無可奈何飽含悲傷情懷，寂寞無聊的時候，請讓我抒發由衷的激情；因此啊，才寫出這部悲悼青年男女的《紅樓夢》。

【注釋】

⑴開闢句：開闢，開天闢地；鴻蒙，自然界的元氣，這裏指開天闢地前最原始階段。

　⑵風月：這裏指男女情事。

　⑶奈何天：無可奈何的日子。

終身誤

　　都道是金玉良緣，俺只念木石前盟。空對著，山中高士晶瑩雪；終不忘，世外仙姝寂寞林。嘆人間，美中不足今方信：縱然是齊眉舉案，到底意難平。

【語譯】

　　都說金玉良緣應該遵從，我只牢記絳草玉石前生誓言。無味地面對著，道貌岸然冰冷無情的"薛"；終生難忘的是那厭棄塵世聰明美好的"林"。可嘆這人世間，再好的事情總會有缺陷，這道理今天我才相信：即使她有舉案齊眉的賢惠，可我的思想感情，到底還是按捺不住憤懣和不平。

【注釋】

(1)金玉良緣：金，指薛寶釵的金鎖；玉，指寶玉的"靈通玉。"《紅樓夢》八十四回：鳳姐笑道："不是我當著老祖宗太太們跟前說句大膽的話，現放著天配的姻緣，何用別處去找。"賈母笑道："在那裏？"鳳姐道："一個寶玉，一個金鎖，老太太忘了？"

(2)木石前盟：木，指林黛玉，《紅樓夢》一回說她是靈河畔的絳珠仙草。石，指賈寶玉，《紅樓夢》一回說她是青埂峰頑石轉世。前盟，前世的盟約。《紅樓夢》三十六回：寶玉在夢中喊罵，說："和尚道士的話如何信得？甚麼'金玉姻緣'？我偏說'木石姻緣'！"寶釵聽了這話不覺怔了。

(3)高士，品德高尚的人。高啟《梅花》詩："雪滿山中高士臥"。這裏指寶釵具有正統的封建道德思想。

(4)仙姝：美麗的仙女，這裏指林黛玉的聰明美貌。

(5)齊眉舉案：《後漢書·梁鴻傳》有梁鴻、孟光夫妻的故事："梁鴻為人賃舂，每歸，妻為具食，不敢於梁鴻前仰視，舉案齊眉。"後用"舉案齊眉"喻妻子對丈夫的恭順。

枉凝眉

一個是閬苑仙葩，一個是美玉無瑕。若說沒奇緣，今生偏又遇著他；若說有奇緣，如何心事終虛話？一個枉自嗟呀，一個空勞牽掛。一個是水中月，一個是鏡中花。想眼中能有多少淚珠兒，怎禁得秋流到冬，春流到夏！

【語譯】

　　一個是神仙境界的奇花，一個是純潔美玉沒瑕瑕。倘說沒有不平常的因緣，爲甚麼這生偏偏遇上她；如果有不平常的緣份，爲甚麼情愛最後成空話？一個白白地長噓短嘆，一個白白地費神牽掛。他對她如映在水中月影，她對他像照在鏡裏鮮花。試想那眼裏能有多少淚水流出，怎麼能禁得起從秋流到冬，又從春流到夏！

【注釋】

⑴閬苑仙葩：閬苑，傳說中仙人的園林；仙葩，即仙花，這裏指林黛玉。

⑵美玉無瑕：瑕，玉的疵紋。這裏指賈寶玉。

⑶嗟呀：嘆息聲。嗟，嘆息，李白《扶風豪士歌》：“洛陽城中人怨嗟。”

恨無常

　　喜榮華正好，恨無常又到。眼睜睜，把萬事全拋。蕩悠悠，芳魂銷耗。望家鄉，路遠山高。故向爹娘夢裏相尋告：兒命已入黃泉，天倫呵，須要退步抽身早！

【語譯】

　　值得高興的是榮華正美好，可怨恨的是死神卻又早到。眼睜睜地，把人世間的一切都拋棄掉。蕩悠悠地，魂靈兒也泯滅全消。遠望那家鄉啊，山峰高聳道路迢迢。只能在夢裏尋找爹娘相勸告：女兒的薄命已完結，爹娘呵，急流勇退可要早！

【注釋】

⑴恨無常句：無常，佛家用語，把人的死亡稱爲無常；無常到，即死神到。此句是指賈元春的死。

⑵黃泉句：死亡的委婉說法。舊時稱天玄地黃，地下水稱爲黃泉，後來用它來代指地下。舊時認爲人死後，魂入黃泉。

⑶爹娘夢裏：《紅樓夢》八十六回：元春死後，賈母曾見過她："你們不信，元妃還和我說是榮華易盡，須要退步抽身。"

⑷天倫：原指弟兄，《谷梁傳》："兄弟，天倫也。"後演變爲父母的代稱。

分骨肉

一帆風雨路三千，把骨肉家園，齊來拋閃。恐哭損殘年。告爹娘，休把兒懸念：自古窮通皆有定，離合豈無緣？從今分兩地，各自保平安，奴去也，莫牽連。

【語譯】

三千里路程風雨護著孤帆，把骨肉親人美好家園齊拋下。怕那離愁別恨哭壞了年邁雙親。勸爹娘不要總在心裏把女兒惦念：從古到今倒霉和走運都有定數，人生的離別和相會怎能沒有因緣？從今後與你們遠隔天涯分兩地，咱們只能各奔前程自己保安平。我走了，爹娘啊！不要把我牽連。

【注釋】

⑴殘年：殘，將盡；殘年即晚年，這裏指父母等老人。

⑵窮通：窮，道路的盡頭，這裏指人事的走投無路；通，有路可行，這裏指人事的順利走運。

⑶莫牽連：莫，不要；牽連，既指感情上的牽連，也指事情上的牽連。探春在她的姐妹中，頭腦算是清醒的，早就看出家勢必將"一敗塗地"，當她遠嫁時，家族的衰敗蹟象更進一步暴露，所以這裏才囑咐"保平安"、"莫牽連"。

樂中悲

襁褓中，父母嘆雙亡。縱居那綺羅叢，誰知嬌養？幸生來，英豪闊大寬宏量，從未將兒女私情，略縈心上。好一似，霽月光風耀玉堂。廝配的才貌仙郎，博得個地久天長，準折得幼年時坎坷形狀。終久是雲散高唐，水涸湘江：這是塵寰中消長數應當，何必枉悲傷？

【語譯】

還在那孩提的時候，可嘆的就是父母雙亡。就算你生活在豪門貴府，有誰會想到把你嬌生慣養？好在你生來，就豪放不羈，開朗大方寬宏大量，從沒把兒女私情，稍稍糾纏在心上。你坦蕩的胸懷好像那，雨後明月照徹白玉堂。匹配個才貌雙全的郎君，希望能白頭到老地久天長，好彌補幼年時的艱難景況。卻不料到底是丈夫早逝，家勢衰亡：這是人世間陰陽變化的必然，爲甚麼偏要白白地痛苦悲傷？

【注釋】

(1)綺羅叢：綺羅，絲織品，紋稀者爲羅，線細的爲綺，綺羅都是富貴人家所用的衣料，所以用它代指富貴之家。叢，形容綺羅之多。

(2)英豪闊大：英，超人的才德，《淮南子·泰族》："智多萬人者謂英。"《三國志·蜀書·諸葛亮傳》"英才蓋世。"豪，性情豪爽，豪邁，行爲不拘常格，李白《扶風豪士歌》："扶風豪士天下奇。"闊大，又作闊達，心胸開闊，《後漢書·馬武傳》："武爲人嗜酒，闊達敢言。"

(3)縈，纏繞。

(4)霽月句：霽月，晴後的明月；光風，雨後日出使草木映滿陽光；通常用霽月光風形容人胸懷磊落；耀玉堂，喻史湘雲的胸懷像日月的光輝照亮白玉堂那樣光明磊落。

(5)廝配句：廝，相，廝配，相配；才貌仙郎，指史湘雲丈夫爲人溫和，文才好。

(6)準折句：準折，頂得上，彌補：坎坷，道路高低不平，這裏指生活艱難。

(7)雲散高唐：高唐，戰國時楚台觀名，在雲夢澤中（洞庭湖），宋玉《高唐賦》：楚襄王曾遊高唐，夢中有仙女與他相會，仙女走時對襄王說："妾在巫山之陽，商丘之陰，旦爲朝雲，暮爲行雨，朝朝暮暮，陽台之下。"後來就用巫山雲雨，高唐雲雨等詞比喻夫妻之情。這裏"雲散高堂"暗指夫妻情事的消失，寓史湘雲丈夫早死。

(8)水涸湘江：湘江，隱湘雲的"湘"字，水涸，指史湘雲隨家勢衰敗而貧困。

(9)這是句：塵寰，人世間；消長，指陰陽二氣的變化；數，即必然性。《紅樓夢》三十一回：史湘雲說："天地間都賦陰陽二氣所生，或正或邪，或奇或怪，千變萬化，都是陰陽順逆……陽盡了，就是陰；陰盡了，就是陽。"

世難容

　　氣質美如蘭，才華馥比仙。天生成孤癖人皆罕，你道是啖肉食腥羶，視綺羅俗厭；卻不知好高人愈妒，過潔世同嫌。可嘆這，青燈古殿人將老，孤負了，紅粉朱樓春色闌！到頭來，依舊是風塵骯髒違心願；好一似無瑕白玉遭泥陷；又何須，王孫公子嘆無緣？

【語譯】

　　你美好的氣質就像春蘭，你濃郁的才華比得上神仙。天生的孤僻性格人們都很少見，你說是吃肉含腥羶，把穿綢掛緞看得庸俗煩厭；可你卻不知：越追求高尚人們越嫉妒，過分潔淨世俗偏見就一致把他嫌。可嘆你，清涼的燈光照著那古佛殿你也就要消失紅顏變老年，辜負了，華麗的秀樓，美好的青春就凋殘！到最後，依舊是流落在骯髒塵世間違背了自己的心願；好像那，純潔白玉爛泥中陷；又何必，王孫公子慨嘆與你沒有前世姻緣？

【注釋】

(1)天生句：孤癖，指妙玉的性格怪癖，《紅樓夢》四十一回：
「寶釵知她天性怪癖，不好多話，亦不好多坐，吃過茶，便約
黛玉走出來。」罕，少；人皆罕，人們都覺得少見。

(2)視綺羅句：《紅樓夢》四十一回：寶玉笑道：「俗語說隨鄉入
鄉，到了你這裏，自然把金珠玉寶一概貶爲俗器了。」

(3)好高句：人愈妒，《紅樓夢》五十回：李紈道：「我才看見櫳
翠庵的紅梅有趣，我要摘一枝來插瓶，可厭妙玉爲人，我不理
他……」一百十七回：賈環道：「妙玉這個東西最討人嫌
的！」

(4)紅粉句：紅粉，原指女人的打扮，後用紅粉代指年輕女子；
朱，深紅色；朱樓，紅樓，原指富貴人家的閣樓，這裏指女子
住的繡樓。闌，殘盡，《史記・高祖本紀》：「酒闌，呂公因
目固留高祖。」春色闌，春色將盡。

喜冤家

中山狼，無情獸。全不念當日根由。一昧的，
驕奢淫蕩貪歡媾。覷著那，侯門艷質同蒲柳；作踐
的，公府千金似下流。嘆芳魂艷魄，一載蕩悠悠。

【語譯】

你這個忘恩負義的中山狼，無情無愛的野獸。一點也不記當
年對你家的情深恩厚。一個勁地驕橫奢侈淫佚放蕩，玩弄女人貪

享受。專瞅侯門貴族的嬌艷女，如同蒲草和青柳；遭踏那國公府中千金小姐，如同卑賤的奴婢之流。可嘆啊，她玉質的身魂，一年就蕩蕩悠悠一命休。

【注釋】

⑴全不念句：指賈府當年對孫家的好處，《紅樓夢》七十九回：
　　"雖是世交，不過是祖父當日希慕寧、榮之勢，有不能了結之事，挽拜在門下的。"

⑵驕奢句：《紅樓夢》八十回："孫紹祖一味好色，好賭，酗酒，家中所有的媳婦丫頭，將及淫遍；略勸過兩三回，便罵我是醋汁子老婆擰出來的。"（孫紹祖，賈迎春的丈夫）歡媾，沉迷於情色之中。

⑶作踐句：指賈迎春在孫家受虐待。見《紅樓夢》一百回："如今迎姑娘實在比我們三等使喚丫頭還不及。"

⑷蕩悠悠：飄忽不定，此指靈魂無所依托。

虛花悟

　　將那三春看破，桃紅柳綠待如何？把這韶華打滅，覓那清淡天和。說甚麼天上夭桃盛，雲中杏蕊多？到頭來，誰見把秋捱過？則看那，白楊村裏人嗚咽，青楓林下鬼吟哦。更兼著，連天衰草遮墳墓，這的是，昨貧今富人勞碌，春榮秋謝花折磨。似這般，生關死劫誰能躲？聞說道，西方寶樹喚婆娑，上結著長生果。

【語譯】

你將三春繁華景色看破，即使桃紅柳綠又將如何？你毀滅了美麗的青春，追求清心寡欲的純真生活。說甚麼天上的蟠桃正茂，雲中的杏花開的多？到頭來誰見它們，能把秋霜拖延過？只見那，蕭蕭的白楊樹中時常有人在墳地前泣幽咽，青楓林裏鬼魂在悲歌。更加上，累累荒墳野墓，又被茫茫枯草淹沒。這真是，昨天貧寒今天富貴空勞碌，猶如花兒春開秋落白張羅。像這樣，生死關頭劫數誰個能躲過？聽說有，西方的寶樹名字叫婆娑，在那上面結著長生果。

【注釋】

(1)三春看破：三春，雙關語，字面上是看破了暮春時節好景不長，寓意是從元、迎、探三人的遭遇上看破了美滿生活不長久。

(2)韶華：韶，美好；華，年華，比喻美好的青年時代。

(3)清淡天和：清淡，清心寡欲；天和，事物順著自然規律生長。

(4)說甚麼句：夭，茂盛而美麗的樣子，《詩經・周南・桃夭》："桃之夭夭，灼灼其華。"天上夭桃：傳說中仙境的蟠桃，吃了可以長生不老。《漢武帝內傳》：七月七日王母至，自設天廚，又命侍女更索桃果。須臾，以玉盤盛仙桃七顆，大如鴨卵，形圓色青，以呈王母。母以四顆與帝，三顆自含。帝收其核欲種之，母曰："此桃三千年一生實，中夏地薄，種子不生。"

(5)白楊村：指墳墓，古代墓地多種白楊。

(6)青楓：迷信說法，鬼在夜間出沒，夜色暗，故曰青楓。杜甫《夢李白》詩："魂來楓林青，魂返關塞黑。"

(7)生關死劫：生死關頭、劫數。劫，佛家用語，“劫波”的簡稱；劫數，注定的災難，是不能逃脫的。

聰明累

　　機關算盡太聰明，反算了卿卿生命！生前心已碎，死後性空靈。家富人寧；終有個，家破人亡各奔騰。枉費了，意懸懸半世心，好一似，蕩悠悠三更夢。忽喇喇似大廈傾，昏慘慘似燈將盡。呀！一場歡喜忽悲辛。嘆人世，終難定！

【語譯】

　　耍盡心眼兒真是太聰明，反而斷送了你自己生命！生前就把心兒使碎，死後落得個白機靈。原指望家庭富貴人安寧；終究免不了，家破人亡各自奔前程。白費了心機，提心吊膽半輩人生，正好比，三更的夢飄飄悠悠一場空。忽喇喇一聲響好比高樓崩，昏慘慘天地暗好像快要熄滅的燈。呀！一場歡喜變得悲傷和酸辛。可嘆人世間，貧富興衰終究難算定！

【注釋】

(1)機關：心眼，這裏指權術和詭計。宋黃庭堅詩：“長安多少名利客，機關算盡不如君。”

(2)卿卿：古代帝王對臣下的稱呼，後來作為對女子的稱謂，古詩《為焦仲卿妻作》：“我自不驅卿，逼迫有阿母。”也用來稱男子，表示親切，《晉書·謝安傳》：“卿累違朝旨。”

(3)意懸懸：心情忐忑不安，提心吊膽。

留餘慶

留餘慶，留餘慶，忽遇恩人；幸娘親，幸娘親，積得陰功。勸人生，濟困扶窮。休似俺那愛銀錢，忘骨肉的狼舅奸兄！正是乘除加減，上有蒼穹。

【語譯】

是上輩留下的恩德，是上輩留下的恩德，忽然遇到恩人救了我；幸虧了我親娘，幸虧了我親娘，為後代積下陰功。奉勸活在世上的人，賑濟災困幫扶貧窮。不要像我那個專愛金錢，拋棄骨肉，狠毒的舅舅奸險的長兄！正如乘除加減分毫不錯，天上有神靈。

【注釋】

⑴餘慶：因前輩的善行而使後代得到某種好處叫餘慶。《易》：
"積善之家，必有餘慶。"這裏指因鳳姐周濟劉姥姥積下善功，使巧兒免於被拐賣。

⑵恩人：指劉姥姥。《紅樓夢》一百一十九回：平兒笑說道：
"可是虧了姥姥這一辦！不然姑娘也摸不著這好時候兒了。"

⑶陰功：人世為陽間，鬼神所居為陰間，人有善行，陰間記上功勞，謂之陰功。

⑷狼舅奸兄：狼舅指王仁（王熙鳳之兄）；奸兄指賈芸。《紅樓夢》一百一十八回：賈芸便將賈環的話附耳低言的說了，王仁拍手道："只怕你們不能。若是你們敢辦，我是親舅舅，做得主的。"

⑤正是二句：乘除加減，本是算術的運算方法，這裏指上天賞善
　　罰惡計算得分毫不差；蒼穹，天，這裏指掌管善惡的神靈。

晚韶華

　　鏡裏恩情，更那堪夢裏功名！那美韶華去之何
迅！再休提繡帳鴛衾。只這戴珠冠，披鳳襖，也抵
不了無常性命。雖說是，人生莫受老來貧，也須要
陰騭積兒孫。氣昂昂，頭戴簪纓，光燦燦，胸懸金
印，威赫赫，爵祿高登，——昏慘慘，黃泉路近！
向古來將相可還存？也只是虛名兒，後人欽敬。

【語譯】

　　夫妻恩情成了鏡中幻影，更經不起兒子功名也成夢境！那美
好青春消逝多麼快呀！再不要提起夫妻深情。僅這戴珠冠，披鳳
襖的榮華富貴，也無法改變死神的決定。雖然常言說道，人生幸
福是老來不受苦，也該多為後代兒孫積陰功。說甚麼意氣揚揚，
頭上戴著簪纓，金光閃閃，胸前懸掛黃金印，威風凜凜官位高
升，——天昏地暗光景慘，一命悠悠死神跟定！試問自古以來將
相可還存？也只剩下個虛名字，讓後人仰敬。

【注釋】

⑴鏡裏恩情：李紈早寡，故說這種感情如鏡裏影子般空虛。

⑵夢裏功名：據下文“戴簪纓”、“懸金印”應指賈蘭“官位高
　　登”，又根據下文“昏慘慘，黃泉路近”，應指賈蘭功名成就

後不久死去，最終導致賈府的徹底敗亡，這才是"夢裏功名"。但高鄂續書未能這樣寫。

(3)鴛衾：鴛，鴛鴦；衾：被子；鴛衾：比喻夫妻同床共枕。

(4)陰騭：《尚書·洪範》："惟天陰騭下民，相協厥居。"原意爲吉凶禍福默默之中由上天決定。後引伸爲積陰功，這裏用此意。

(5)昏慘慘二句：黃泉路，指通向陰間路，見《恨無常》注。從"威赫赫"突然一轉，寫出個"昏慘慘"的景像，應指賈蘭做官不久，即發生變化，家勢衰敗得不可收拾，使李紈的希望成爲泡影，所以她的判詞才說："如冰水好空相護，枉與他人作笑談。"見李紈判詞注。

好事終

畫梁春盡落香塵。擅風情，秉月貌，便是奴家根本。箕裘頹墮皆從敬，家事消亡首罪寧。宿孽總因情！

【語譯】

在房梁上結束了美好青春，繩索抖落幾點含香的灰塵。擅長風月情事，具有花容月貌，這就是我的根本。祖業衰亡的根源在賈敬，家族不振首先歸罪寧府人。前世造下多少孽，歸根到底總因情。

【注釋】

(1)畫梁句：畫梁，彩繪的房梁。全句指秦可卿縊死之事。《紅樓夢》五回：“詩後又畫一座高樓，上有一美人懸梁自盡。”

(2)擅風情：擅，專長；風情，指男女情事。

(3)秉月貌：秉，執，引伸爲“具有”。月貌，形容女子容顏之
美。

(4)箕裘：《禮記·學記》：“良冶之子，必學爲裘，良弓之子，
必學爲箕。”後引伸爲繼承祖業，這裏是“祖業”的意思。

(5)宿孽：宿，從前，這裏指前世；孽，孽障，佛家用語；宿孽，
前生的種種罪過造成了今生的不幸。這是一種因果報應的宿命
論觀點。

飛鳥各投林

為官的，家業凋零；富貴的，金銀散盡；有恩
的，死裏逃生；無情的，分明報應；欠命的，命已
還，欠淚的，淚已盡。冤冤相報自非輕，分離聚合
皆前定。欲知命短問前生，老來富貴也真僥倖。看
破的，遁入空門；痴迷的，枉送了性命。──好一
似食盡鳥投林，落了片白茫茫大地真乾淨！

【語譯】

當官的，運勢衰敗家業凋零；富貴的，金銀財寶丟失一空；
行善的，死裏逃生保住性命；作惡的，分毫不差遭報應；前生欠
下命債的，性命已經償還；前世欠下眼淚的，淚水已經流盡。因
果報應並非輕易造成，分離聚合也是前生規定。想知命短原因還

得閒前生，到老來享受富貴全是僥幸。看破人生的，出家當尼僧；執迷不悟的，白白斷送了性命。——真好像吃完了食的鳥雀，各自投向樹林，到最後只剩白茫茫的大地真乾淨！

十四、嘲頑石詩（第八回）

女媧煉石已荒唐，又向荒唐演大荒。

失去本來真面目，幻來新就臭皮囊。

好知運敗金無彩，堪嘆時乖玉不光。

白骨如山忘姓氏，無非公子與紅妝。

【語譯】

女媧煉石補天本來就荒唐，又在大荒山演化出一石頭。

頑石下凡已失去本來容貌，變化一番又附上了新模樣。

才知道運氣不好金無亮澤，可嘆倒霉時玉石不發光芒。

白骨如山早已忘掉了名姓，無非是那公子哥兒和姑娘。

【注釋】

(1)女媧煉石：女媧，傳說遠古人物；煉石，司馬貞補《史記·五帝本紀》：“諸侯有共工氏與祝融戰，不勝而怒，乃頭觸不周山。崩，天柱折，地維絕，女媧乃煉五色石以補天。”

(2)演大荒：大荒，神話傳說裏的山名。《山海經》：“大荒之中，有山名曰大荒之山。”演大荒，即演繹大荒山石頭的故事，《紅樓夢》一回：“卻說那女媧氏煉石補天之時，於大荒山無稽崖煉成了高十二丈，見方二十四丈大的頑石三萬六千五百零一塊，那媧皇只用了三萬六千五百塊，單單剩下一塊未用，棄在青埂峰下。"

⑶運敗：運，運數，氣數；運敗，運氣不佳，這裏指賈氏家族的衰敗。

⑷時乖：時，時運；乖，違背，不協調，《韓非子·亡徵》："內外乖者，可亡也。"時乖，時運不濟，這裏指賈氏家族勢力衰敗。

十五、大觀園題詠（第十八回）

賈元春：題大觀園

　　銜山抱水建來精，多少工夫築始成。
　　天上人間諸景備，芳園應錫"大觀"名。

【語譯】

　　接青山抱綠水巧奪天工，耗費了多少工夫才建成。
　　天上人間美景都已具備，好園林該用"大觀"來命名。

【注釋】

⑴大觀：觀，值得觀賞的景物和景像；大觀，事物美好繁多。范仲淹《岳陽樓記》："此則岳陽樓之大觀也。"

⑵芳園：芳，香草，引伸爲美好；芳園，美好的園子。錫通"賜"。古代帝王及其后妃給某種事物命名叫賜名。

(3)大觀園：賈元春被選進宮後當上皇妃，是賈家宗族顯赫榮華的
　　頂峰，所以借元妃省親之機，大興土木，建造了佔地三里半的
　　省親別墅，後由元妃省親時正式賜名爲“大觀園”。

賈迎春：題曠性怡情

園成景物特精奇，奉命羞題額曠怡。

誰信世間有此境，遊來寧不暢神思。

【語譯】

名園建成景物特別精奇，奉命題額“曠怡”愧缺才氣。

誰信人間竟有這般仙境，暢遊飽覽怎不心曠神怡。

【注釋】

(1)特：獨特，傑出，《詩經·秦風·黃鳥》：“百夫之特。”

(2)寧不暢神思：寧，怎麼；神思，指精神活動；暢神思，精神舒
　　暢，心曠神怡。

賈探春：題文采風流

秀水明山抱復回，風流文采勝蓬萊。

綠裁歌扇迷芳草，紅襯湘裙舞落梅。

珠玉自應傳盛世，神仙何幸下瑤台。

名園一自邀遊賞，未許凡人到此來。

【語譯】

清秀的溪水明媚的山巒環抱縈回，

秀麗的風光斑爛的景色勝似蓬萊。

綠綢裁製的歌扇與碧草迷離難辨，

紅緞襯托的湘裙與紅梅飛舞悠徊。

珠寶玉石本該就在太平盛世傳揚，

皇妃娘娘臨幸就如神仙降下瑤台。

著名的園林一經邀請貴人來遊賞，

便成了仙境就再也不許凡人到來。

【注釋】

⑴抱復回：抱，環抱；復，又；回，縈回；抱復回，即曲折縈回。

⑵蓬萊：神話中渤海裏仙人居住的地方。

⑶瑤台：即瑤池，神話中西王母居住的地方。

⑷風流句：風流，原指人的品格瀟灑，這裏指大觀園構造的幽雅風格。文采，即紋彩，花紋色彩，這裏指大觀園五光十色的風光景色。

賈惜春：題文章造化

山水橫拖千里外，樓台高起五雲中。

園修日月光輝裏，景奪文章造化功。

【語譯】

青山綠水綿延千里之外，樓閣亭台高聳五彩雲中。

園林沐浴在日月光輝下，景色勝過紋錦巧奪天工。

【注釋】

⑴橫拖：橫，縱橫錯雜；拖，延伸。

(2)五雲：五色雲彩。

(3)景奪文章造化工：奪，奪取，勝過；文章，錯雜相間的顏色，這裏指園林複雜而有規律的結構；造化，造物主，創造力。

李紈：題萬象爭輝

名園築就勢巍巍，奉命多慚學淺微。

精妙一時言不盡，果然萬物有光輝。

【語譯】

著名的園林建築得氣勢雄偉，奉命題詩才疏學淺深感慚愧。

精美奇妙之處一時難以說盡，果真名不虛傳萬物齊爭光輝。

【注釋】

(1)勢巍巍：勢，氣勢；巍巍，高大雄偉。

(2)學淺微：學識淺薄。

薛寶釵：題凝暉鍾瑞

芳園築向帝城西，華日祥雲籠罩奇。

高柳喜遷鶯出谷，修篁時待鳳來儀。

文風已著宸遊夕，孝化應隆歸省時。

睿藻仙才瞻仰處，自慚何敢再為辭。

【語譯】

美好的園林建築在那皇宮的城西，

光華瑞日五彩祥雲籠罩得多神奇。

高高的楊柳歡迎黃鶯遷來離山谷，

長長的翠竹恭候鳳凰到這裏棲息。

重文風氣倍加增長在娘娘遊賞夜，

孝悌教化發揚光大在皇妃省親時。

瞻仰了后妃超人才華敏捷的辭藻，

自覺慚愧才疏學淺怎敢著文賦詩。

【注釋】

⑴帝城：皇帝居住的地方，指京城，這裏指北京的紫禁城。

⑵修篁：修，長；篁，竹林；後來以篁爲竹的通稱。

⑶文風句：文風，狹義的文風指文化風氣，廣義的文風包括典章
制度，此處二義皆有。宸：帝王住的宮殿，引伸爲王位、帝王
的代稱，這裏指元妃。

⑷鳳來儀：即鳳凰來儀，《尙書‧益稷》："簫韶九成，鳳凰來
儀。"鳳來儀，即鳳凰降臨，這裏喩指元妃的到來。

⑸孝化：孝，孝悌，侍奉父母爲孝，尊從兄長爲悌。用孝悌的準
則來規範人們的思想行爲叫孝化。

⑹睿藻仙才：睿，聰明通達；藻，辭澡；睿藻，特指帝后的文
章，這裏指元妃題大觀園詩。仙才，這裏是恭維元妃有超凡的
才華。

林黛玉：題世外仙源

宸遊增悅豫，仙境別紅塵。

借得山川秀，添來氣象新。

香融金谷酒，花媚玉堂人。

何幸邀恩寵，宮車過往頻。

【語譯】

娘娘的遊覽增添了多少歡欣，簡直是仙境而不是人間園林。

憑借著那青山和綠水的秀麗，平添多少氣魄和景象的更新。

碧草芳香似金谷園裏的醇酒，鮮花姣媚如玉堂宮中的美人。

多麼幸運獲得貴妃恩賜寵愛，讓那龍車鳳輦不斷來往光臨。

【注釋】

(1)宸遊句：宸遊，指元妃省親時遊賞大觀園一事。豫，和樂；悅豫，心情愉快。

(2)紅塵：塵埃，引伸為繁華熱鬧的地方。佛家用它指人世間。

(3)金谷：水名，晉代石崇建別墅盧山於此，稱金谷園，曾宴賓客於園中，命賦詩，不成者，罰酒三斗。

(4)玉堂：即白玉堂，這裏泛指宮庭。

(5)宮車：帝后所乘的車。

賈寶玉：詠有鳳來儀

秀玉初成實，堪宜待鳳凰。

竿竿青欲滴，個個綠生涼。

迸砌妨階水，穿簾礙鼎香。

莫搖分碎影，好夢正初長。

【語譯】

苗條的綠竹剛結出了果實，恰好可以恭迎尊貴的鳳凰。

一竿竿青翠得彷彿要滴水，一個個碧綠得好像要生涼。

水珠在階前防水石上迸射，香煙從鼎裏透過穿簾飄散。

翠竹別再搖動分散了陰影，甜蜜的好夢正酣暢又漫長。

【注釋】

(1)秀玉：秀，特別美好；玉，綠玉，竹子別名，《正字通》：寒玉竹，別名綠玉。

(2)實：指竹的果實，傳說鳳凰專食竹的果實。

(3)待鳳凰：即鳳凰來儀，見薛寶釵題《凝暉鍾瑞》注釋。

(4)迸砌妨階水：砌，石砌的井階、台階。這裏指穿竹繞階的泉水流過的石台。

(5)鼎：古代銅器用具，三足兩耳。這裏是指焚香用的鼎形爐。

賈寶玉：詠蘅芷清芬

蘅蕪滿靜苑，蘿薜助芬芳。

軟襯三春草，柔拖一縷香。

輕煙迷曲徑，冷翠濕衣裳。

誰謂"池塘"曲，謝家幽夢長。

【語譯】

馨香的杜蘅草生滿寧靜的亭苑，

攀繞的女蘿薜荔增添園中芬芳。

軟綿叢生的枝葉陪襯三春秀草，

柔和蔓生的花朵飄溢一脈清香。

輕盈的蒙蒙煙霧彌漫彎曲小路，

冰冷的晶瑩露珠濡濕行人衣裳。

是誰吟出"池塘生春草"的絕妙曲，

正是謝家的幽夢做得深酣漫長。

【注釋】

⑴蘅蕪：蘅，杜蘅，一種香草；蕪，草的通稱；蘅蕪，泛指杜蘅
　　一類的香草。

⑵蘿薜：蘿，女蘿；薜，薜荔，屈原《九歌‧山鬼》："若有人
　　兮山之阿，披薜荔兮帶女蘿。"這裏用薜荔、女蘿泛指蘅蕪院
　　中的花草。

⑶誰謂池塘曲：據《南史‧謝靈運傳》記載，謝惠連是謝靈運族
　　弟，很有文采，謝靈運有一次想寫詩，整天也沒寫成，夜間忽
　　然夢見謝惠連，便得"池塘生春草"的句子。

賈寶玉：詠怡紅快綠

深庭長日靜，兩兩出嬋娟。

綠蠟春猶卷，紅妝夜未眠。

憑欄垂絳袖，倚石護青煙。

對立東風裏，主人應解憐。

【語譯】

那幽深的庭院終日只顯得恬靜，

一對對嬌艷的花枝探出了牆垣。

綠色的芭蕉在春光裏還是翻捲，

紅色的海棠在靜夜裏不思睡眠。

低垂的花蔓彷彿憑欄放下紅袖，

芭蕉倚著山石像是在守護清煙。

紅綠相間在東風裏相對著挺立，

院中的主人應當懂得怎樣愛憐。

【注釋】

⑴嬋娟：顏色、姿態美好。孟郊《嬋娟》詩：" 花嬋娟，泛春
　泉。竹嬋娟，籠曉煙。" 這裏是花的代稱。

⑵綠蠟：指芭蕉。

⑶紅妝：多指年輕的女性，這裏是花的代稱。

⑷絳袖：絳，大紅色；袖，衣袖。這裏指低垂的花朵，有如下垂
　的紅色衣袖。

林黛玉：代擬杏簾在望

> 杏簾招客飲，在望有山莊。
>
> 菱荇鵝兒水，桑榆燕子梁。
>
> 一畦春韭熟，十里稻花香。
>
> 盛世無飢餒，何須耕織忙。

【語譯】

杏黃色酒幌在招引遊人酣飲，遠望隱約可見有傍山的村莊。

白色鵝兒在穿菱貫荇地戲水，燕子飛過桑榆把巢築在房梁。

一畦初春的韭菜已經長成熟，十里農田的稻花飄散著清香。

太平盛世沒有飢饉餓殍發生，耕田織布何必還要如此匆忙。

【注釋】

(1)杏簾：黃色布幌，酒簾多用杏黃色，所以稱杏簾。

(2)菱荇：菱，菱角；荇，荇荣，一種浮萍類的小草。

(3)餓殍：餓死的人。

【說明】

　　《大觀園題詠》十一首，是元妃（封賢德妃）省親遊賞大觀園親自為之題名題詩後，又命衆姐妹及寶玉等人題詠的詩作。因此它們有以下三個特點：其一，這些詩是由元妃先限定題材範圍、歌詠對象，然後由大家即席吟成。這些詩作都是讚美和歌頌大觀園建築景物、自然風光的，只是各首的角度或側重點有所不同。但這些詩匯集在一起，就比較全面地描繪出大觀園壯觀、秀麗、幽雅的景色。大觀園是曹雪芹為塑造人物形象而創設的典型環境。其二，雖然是奉命之作，但每首總還程度多少有所不同地表現了每個人的思想性格和身份、地位。因此曹公筆下的人鮮活如生。其三，這些詩作因受皇妃之命而吟詠，所以基本上是屬於應制詩，因而內容和形式都必然要受到很大限制，不免落入俗套。

十六、林黛玉：書賈寶玉續胠篋文後

（第二十一回）

　　無端弄筆是何人？剿襲《南華》莊子文。

　　不悔自家無見識，卻將醜語詆他人。

【語譯】

　　無故舞文弄墨的究竟何人，生吞活剝莊周的《胠篋》一文。

　　不悔恨自己沒有才學見識，卻拿鄙薄的言辭詆毀他人。

【注釋】

⑴南華莊子文：莊子，名周，戰國時期宋國人，我國古代思想家，與老子並稱，是道家學派的代表人物，著有《莊子》一書。《南華》即《南華經》。唐朝崇尚道教，攀李耳為同宗，把道家的兩部著作《莊子》、《老子》奉為經典，稱《老子》為《道德經》，稱《莊子》為《南華經》。《唐書·藝文志》："天寶元年詔號《莊子》為《南華真經》。"

⑵無見識：表面指寶玉的那段續文，實際是責怪賈寶玉對自己的不理解。

十七、賈寶玉：參禪偈（第二十二回）

　　你證我證，心證意證。是無有證，斯可云證。無可云證，是立足境。

林黛玉續

　　無立足境，方是乾淨。

【語譯】

　　你說你正確，我說我正確，其實都是自己認為"我"正確。

要知道誰都不是完全正確，這樣才算是真正的正確。如果能放棄自己主觀意念，那才是安身立命的處所。

如若把安身立命之處都拋開，排除一切牽掛那才算真乾淨。

【注釋】

⑴偈：梵語"偈陀"的譯文，佛經文學的一種，意思是讚頌或總結，是四字、五字、六字、七字的有韻句，每四句為一偈，有的長至八句、十六句、三十二句。

⑵證：禪宗主張不立文字，只憑意會，以"明心見性，立地成佛"為"超凡入聖"的最簡便的修行方法。它的學習過程主要是分四個階段：一信，要求絕對信仰；二解，就是進行參悟；三行，親身躬行；四證，就是最後豁然貫通，凡心與佛心領悟一樣，達到"大徹大悟"，又叫"心心相印"。它的邏輯是所謂"四料簡"，也就是說空不對，說有也不對，說亦有亦空也不對，說不空不有更不對。禪宗認為排除這四種執著，才能進入最高境界。

⑶立足境：佛家所謂安身立命之處。

十八、賈寶玉：寄生草‧參禪（第二十二回）

無我原非你，從他不解伊。肆行無礙憑來去，茫茫著甚悲愁喜？紛紛說甚親疏密？從前碌碌卻因何？到如今，回頭試想真無趣！

【語譯】

若不是我自找麻煩從中調解，本來就不會引起你們的分歧。我若是聽了她的一面之辭，反過來我就無法理解你的理。最好的方法是擺脫糾葛走開，任憑你們往來不休地爭是非。茫茫的人生看不出甚麼頭緒，還產生甚麼悲傷、憂愁和歡喜？亂紛紛的關係使我糾纏不清，還說我甚麼對誰親密和疏遠。以前我費心操勞反落得埋怨，那到底是因為甚麼而引起？直到今天，我才回頭猜想，真使人心灰意冷十分沒興趣！

【注釋】

⑴原：本來。

⑵伊：第三人稱代詞，《太倉州志》："吳語，指人曰伊。"後來專作女性的第三人稱代詞，相當"她"，此處從行文上看，似譯作"你"較好。

⑶著：附加，這裏是指產生感情。

十九、賈寶玉：四時即事詩（第二十三回）

春夜即事

霞綃雲幄任鋪陳，隔巷蛙聲聽未真。

枕上輕寒窗外雨，眼前春色夢中人。

盈盈燭淚因誰泣，點點花愁為我嗔。

自是小鬟嬌懶慣，擁衾不耐笑言頻。

【語譯】

在輕雲般紅綃帳裏隨意打開被袱，

隔著胡同傳來隱隱蛙聲聽不太眞。

枕頭上微微寒意因窗外正落春雨，

眼前春光使我想起夢中懷念的人。

蠟燭啊你一汪汪淚水是爲誰哭泣，

燈光啊你點點的愁容是因我氣忿。

自然是我的丫鬟過慣了嬌懶生活，

緊圍著被褥因受不了她笑語頻頻。

【注釋】

(1)霞綃雲幄：綃，一種輕軟的絲織品；霞，紅色霞光，形容綃的顏色；幄，四合形的帳子；雲，形容紅綃帳子的輕軟柔和。

(2)輕寒：微微寒意。

(3)嗔：生氣的樣子。

(4)小鬟：鬟，我國古時少女的一種髮型，成"丫"形，故稱供使喚的婢女爲丫鬟。小鬟，年齡小的丫鬟。

(5)擁衾：圍著被子臥或坐。衾，被子。擁，這裏作"圍、裏"解。

夏夜即事

倦繡佳人幽夢長，金籠鸚鵡喚茶湯。

窗明麝月開宮鏡，室靄檀雲品御香。

琥珀杯傾荷露滑，玻璃檻納柳風涼。

水亭處處齊紈動，簾卷朱樓罷晚妝。

【語譯】

刺繡倦怠的姑娘深深進入了夢鄉，
金絲籠裏的鸚鵡頻頻呼喚要茶湯。
月亮照明窗戶好像打開了宮中鏡，
滿屋煙霧繚繞燒的是皇家的檀香。
琥珀杯中倒出滑潤的荷露芳香水，
玻璃檻下微風吹拂正好歇息乘涼。
臨水的涼亭人們都在搖動著團扇，
微風捲動窗簾紅樓裏正在卸晚妝。

【注釋】

(1)幽夢：幽，深；幽夢，睡得很酣甜。

(2)茶湯：湯，開水；茶湯，熱茶水。

(3)霽月開宮鏡：霽月，月亮，徐陵《玉臺新詠》序："金星與婺
女爭華，霽月共嫦娥競爽。"宮鏡，宮庭裏用的鏡子，這裏喻
窗戶被月光照亮，彷彿天上打開宮鏡。

(4)檀雲品御香：檀香，檀香煙霧；御香，皇宮中用的香。

(5)琥珀杯：琥珀，古代一種化石，半透明的礦物質；琥珀杯，就
是琥珀造成的酒器。

(6)玻璃：一種形似水晶的物質，跟現在所說的玻璃不同。

(7)齊紈：紈，細絹，很細的絲織品，古時齊國的紈最好，故稱齊
紈。這裏齊紈是團扇的代稱。

(8)二、三、四、五句分別嵌入鸚鵡、霽月、檀雲、琥珀四個丫鬟
名。

秋夜即事

　　絳芸軒裏絕喧嘩，桂魄流光浸茜紗。

　　苔鎖石紋容睡鶴，井飄桐露濕棲鴉。

　　抱衾婢至舒金鳳，倚檻人歸落翠花。

　　靜夜不眠因酒渴，沉煙重撥索烹茶。

【語譯】

　　絳芸軒裏隔斷了外界的吵鬧喧嘩，

　　月亮的光華透進了窗上的輕薄紗。

　　青苔布滿了石縫正好讓仙鶴睡覺，

　　院裏梧桐飄下露珠澆濕樹上烏鴉。

　　抱著鋪蓋的丫鬟前來打開金鳳被，

　　靠著欄杆的人回房摘去頭上翠花。

　　寧靜的夜晚不能入睡因酒後口渴，

　　撥亮了青煙低沉的爐火要杯熱茶。

【注釋】

⑴降芸軒：賈寶玉住的房間名。這是賈寶玉未進大觀園前為自己
　臥室取的名字。

⑵桂魄：月的代稱。桂，傳說月中有桂樹，《酉陽雜俎》：“月
　中有桂樹，下有一人常砍之，樹隨合。其人姓吳名剛，西河
　人，學仙有過，責令伐桂。”魄，月初時的微光，王充《論衡
　‧詢時》：“月三曰魄，八曰弦，十五曰望。”（初三的月光
　叫魄，初八叫弦，十五叫望）

(3)流光：光彩輝映，曹植《七哀》詩："明月照高樓，流光正徘徊。"

(4)井：這裏指天井。

(5)抱衾句：婢，鬟；舒，打開；金鳳，被面上的金色鳳凰圖案。

(6)倚檻句：檻，欄杆；倚檻，倚著欄杆；翠花，綠色玉石花，是古時豪門貴族婦女頭上專用的裝飾品；落，卸下。

冬夜即事

> 梅魂竹夢已三更，錦罽鸘衾睡未成。
>
> 松影一庭唯見鶴，梨花滿地不開鶯。
>
> 女奴翠袖詩懷冷，公子金貂酒力輕。
>
> 卻喜侍兒知試茗，掃將新雪及時烹。

【語譯】

　　梅花魂靈出遊青竹睡去夜已三更，
　　蓋著錦面毛毯鸘絨被子還未睡成。
　　滿院的松樹影中只看見幾隻仙鶴，
　　遍地的皚皚白雪聽不到黃鶯囀鳴。
　　婢女綠袖單薄滿懷的詩情似冷卻，
　　公子貂帽熱紅了臉也因酒量太輕。
　　叫人高興的是小丫鬟還知道試茶，
　　掃來剛落的雪花趕緊沏水及時沖。

【注釋】

(1)錦罽鸘衾：罽，毛毯之類毛織品，《佩文韻府》："罽，氈

類，織毛爲之。"錦罽，錦面毛毯類的東西；鸊，水鳥名，鸊
衾，鸊毛絮的被，類似今天的鴨絨被。

(2)梨花：這裏指雪，唐岑參《白雪歌送武判官歸京》："忽如一
夜春風來，千樹萬樹梨花開。"

(3)翠袖：翠，深綠色羽毛，多用來形容寒冷狀態；翠袖，寒袖。

(4)金貂：漢代中等官員帽子上做裝飾用的貂尾，後用金貂代稱侍
從之臣。這裏是借代帽子。

(5)侍兒：丫鬟，供使喚、侍奉的婢女。

(6)茗：茶樹的嫩芽。這裏指代茶。

(7)掃將句：過去認爲雪水潔淨，煮茶喝味道清淳。

二十、癲和尚：誦"靈通寶玉"經

（第二十五回）

天不拘兮地不羈，心頭無喜亦無悲。

只因鍛煉通靈後，便向人間惹是非。

【語譯】

不受天帝約束也不受地神繫縛，
心中沒有喜悅也沒有甚麼哀悲。
只因在丹爐中煉成靈氣神通後，
就闖向塵世間搬弄了是是非非。

其二

> 粉漬脂痕污寶光，房櫳日夜困鴛鴦。
>
> 沉酣一夢終須醒，冤債償清好散場。

【語譯】

脂粉的漬痕玷污了靈光寶氣，深宅房中受著兒女情思糾纏。

深沉的迷夢終究是定要清醒，欠下的冤債還清了才好散場。

【注釋】

(1)羈：拘束，束縛，司馬遷《報任安書》："僕少負不羈之才。"

(2)只因句：靈通，靈性已通。《紅樓夢》一回："卻說那女媧氏煉石補天之時，……單單剩下一塊未用，棄在青埂峰下。誰知此石自經鍛煉之後，靈性已通，自去自來，可大可小。"

(3)便向句："靈通寶玉"經點化後下凡投胎，附著在寶玉肉體上，演出《紅樓夢》的故事，故曰"便向人間惹是非。"

(4)粉漬句：指賈寶玉從小就與女孩子混在一起，把"靈通玉"不當回事，"潦倒不通庶務，愚頑怕讀文章……"見第三回《西江月》二首的詩文和有關注釋。

(5)冤債句：指賈寶玉（靈通寶玉投胎）和林黛玉（絳珠仙草投胎）兩人的愛情悲劇的結局，如夢醒後方悟，冤債兩清。

二十一、林黛玉：葬花辭（第二十七回）

花謝花飛飛滿天，紅消香斷有誰憐？

遊絲軟繫飄春榭，落絮輕沾撲繡簾。

閨中女兒惜春暮，愁緒滿懷無著處；

手把花鋤出繡簾，忍踏落花來復去？

柳絲榆莢自芳菲，不管桃飄與李飛；

桃李明年能再發，明年閨中知有誰？

三月香巢初壘成，梁間燕子太無情！

明年花發雖可啄，卻不道人去梁空巢已傾。

一年三百六十日，風刀霜劍嚴相逼；

明媚鮮妍能幾時，一朝飄泊難尋覓。

花開易見落難尋，階前愁殺葬花人；

獨把花鋤偷灑淚，灑上空枝見淚痕。

杜鵑無語正黃昏，荷鋤歸去掩重門。

青燈照壁人初睡，冷雨敲窗被未溫。

怪儂底事倍傷神？半為憐春半惱春：

憐春忽至惱忽去，至又無言去不聞。

昨宵庭外悲歌發，知是花魂與鳥魂？

花魂鳥魂總難留，鳥自無言花自羞；

願儂此日生雙翼，隨花飛到天盡頭。

天盡頭！何處有香丘？

未若錦囊收艷骨，一杯淨土掩風流；

質本潔來還潔去，不教污淖陷渠溝。

爾今死去儂收葬，未卜儂身何日喪？

儂今葬花人笑痴，他年葬儂知是誰？

試看春殘花漸落，便是紅顏老死時——

一朝春盡紅顏老，花落人亡兩不知！

【語譯】

花兒萎謝，風把它吹得滿天旋轉，

顏色退盡芳香消失，有誰同情哀憐？

柔軟的蛛絲似斷還連，飄蕩在樹間，

柳絮隨風飄散，沾滿了繡花門簾。

閨房少女面對殘春景色甚惋惜，

滿懷憂鬱惆悵的愁思無處寄托；

手拿著花鋤，挑開門簾走進花園，

我怎忍心走來走去把落花踐踏？

柳絮榆莢只知道炫耀自己芳香，

不顧桃紅李白紛紛地飄零散遍；

桃株李植來年春回能含苞吐蕊，
可是來年的閨房中還能剩下誰？
新春燕子嘰來百花香巢剛築好，
梁上燕鳥遭踏了鮮花多麼無情！
明年百花盛開你還能叼銜花草，
卻不料主人死去，舊巢傾落房梁空。
一年三百六十天憂心日子多難捱，
寒風嚴霜如刀劍無情摧殘花枝；
明媚春光鮮艷花色能支撐幾時，
一旦被狂風吹散再也無處尋覓。
花開時容易見飄落時就難找尋，
階前悲苦煎熬著我這葬花的人；
手握花鋤我默默地拋灑著淚珠，
淚水灑滿空枝浸著斑斑的淚痕。
杜鵑啼盡血淚愁慘黃昏正降臨，
扛鋤忍痛回來我緊閉重重閨門；
青冷燈光照四壁人們剛入夢境，
清寒春雨敲打窗櫺被褥仍冰冷。
人們奇怪何事使我今朝太傷心？
美好春光堪惜春景逝去惹人恨；
春天忽來招人愛匆匆逝去又惱恨，
春天悄然降臨人間離去也無聲息。
昨夜院外何處傳來陣陣淒涼歌聲，
不知是花兒魂魄還是鳥兒的精靈？
不管是花魂還是鳥魂都難以挽留，

問鳥兒它默默無語問花兒它含羞；

我真心希望自己如今能生雙翅膀，

伴隨那花兒飛向那天地的最盡頭。

縱使飛到天盡頭，哪裏有埋葬它的墳丘？

不如用錦囊香袋收斂你嬌艷屍骨，

壘起潔淨泥土掩埋你這絕代風流；

願你高貴身軀潔淨生來還潔淨去，

不讓它染上污穢拋棄在骯髒渠溝。

花兒你今天死去我能把你來埋葬，

不知我這薄命人何時忽然間絕喪？

我今埋葬落花人們笑我人太痴呆，

有朝我離開人世有誰能把我掩埋？

不信請看春色凋殘花兒隨風飄落，

這就是閨房少女衰老命殘的時刻——

一旦春景消逝少女也就白髮如絲，

花兒凋謝人死去，花兒人兒都不知！

【注釋】

⑴落絮：飄落的柳花。絮，棉花，柳花柔軟似棉，故稱柳絮。

⑵春暮：晚春。暮，日將落，這裏指春天臨近結束的時候。

⑶無著處：沒有寄托感情的地方。著，憑倚，引伸為寄托。

⑷芳菲：芳香，《離騷》：“芳菲菲其彌香。”

⑸愁殺：殺又作煞，極言愁的程度深，相當於口語裏“愁死了”

　　“愁壞了”。

⑹杜鵑：鳥名，《成都記》：“杜宇死，其魂化為鳥，名曰杜

　　鵑。”傳說杜鵑聲悲，啼血。

(7)重門：一層層的門。

(8)儂：古時吳語稱我爲儂，林黛玉家住揚州，古時屬吳地，故自稱爲儂。清代吳語已將"儂"轉化爲第二人稱代詞，這裏是沿用古代稱謂。

(9)底事：甚麼事。底，何，《匡謬正俗》："俗謂何物爲底。"

(10)香丘：丘，墳、塚。因花香，故稱葬花的墳爲香丘。

(11)一抔淨土：抔，土丘。一抔淨土，一堆乾淨的土。

(12)污淖：污，臭水；淖，泥沼、泥濘，《左傳・成公十六年》："有淖於前。"《漢書・韋玄成傳》："當晨入廟，天雨淖，不駕駟馬車而騎至廟前。"

(13)紅顏：青年人紅潤的面顏，後稱年青女子爲紅顏。

二十二、林黛玉：題帕詩（第三十四回）

眼空蓄淚淚空垂，暗灑閒抛更向誰？
尺幅鮫綃勞惠贈，爲君那得不傷悲！

【語譯】

　　我兩眼枉含熱淚在白白地滴落，
　　暗自流淌抛灑除你還能爲著誰？
　　你好意贈送深情鮫帕使我感激，
　　爲了你我怎能不感到難過傷悲！

其二

> 拋珠滾玉只偷潸，鎮日無休鎮日閒；
>
> 枕上袖邊難拂拭，任他點點與斑斑。

【語譯】

珠玉般的淚水只能偷偷地流淌，

整天心緒茫茫也只好閒坐無言；

枕上和袖頭的淚水總是難擦淨，

只好任憑它滴落留下斑斑點點。

其三

> 彩線難收面上珠，湘江舊跡已模糊；
>
> 窗前亦有千竿竹，不識香痕漬也無！

【語譯】

五彩絲線難穿起我臉上的淚珠，

湘妃淚染的斑竹舊痕已經模糊；

如今我的窗前也有無數竿翠竹，

不知它們是否也染上我的淚珠！

【注釋】

⑴更向誰：更，豈，難道；向，向著。

⑵鮫綃：一種珍貴的絲織品，這裏指手絹。《述異記》中記載：

「南海中有鮫人，水居如魚，不廢機織，其眼能泣，泣則出

珠。」傳說鮫人所織的鮫綃，可做衣服，放在水中不濕。

(3)拋珠句：珠，珍珠；玉，玉石。這裏是淚珠像珠粒也像玉石。潸，流淚的樣子，這裏是指淚水默默流淌。

(4)鎮日：整日。

(5)湘江句：《博物志》："堯之二女，舜之二妃，曰湘夫人。舜崩，二妃涕以揮竹，盡斑。"這就是傳說中的娥皇女英淚灑斑竹，沉水爲湘神的故事。

(6)漬：浸，漚；浸泡、沾染。

二十三、白海棠詩（第三十七回）

賈探春：詠白海棠

斜陽寒草帶重門，苔翠盈鋪雨露盆。

玉是精神難比潔，雪爲肌骨易銷魂。

芳心一點嬌無力，倩影三更月有痕。

莫道縞仙能羽化，多情伴我詠黃昏。

【語譯】

夕陽照著青綠的草地關上層層院門，
深綠的苔蘚鋪滿了雨水灑過的花盆。
白玉是它的靈魂可難以比喻它高潔，
冰雪做它的肌骨最容易陶醉人的心。
小小的花蕊是那樣的嬌柔顯得無力，

美麗的容貌像午夜的圓月帶點淚痕。

不要說它像白衣仙子能夠凌空飛去，

無限深情地陪我在黃昏中淺唱低吟。

【注釋】

⑴苔翠：苔，苔蘚；翠，深綠色。

⑵倩影：倩，美麗好看；吳融《還俗記》詩："柳眉梅額倩妝新。"倩影，美好的形象。

⑶縞仙羽化：縞，白色絲絹；縞仙，白衣仙子；羽化，道家稱高升變化，得道成仙爲羽化。

薛寶釵：其二

> 珍重芳姿畫掩門，自攜手瓮灌苔盆。
>
> 胭脂洗出秋階影，冰雪招來露砌魂。
>
> 淡極始知花更艷，愁多焉得玉無痕。
>
> 欲償白帝宜清潔，不語婷婷日黃昏。

【語譯】

爲了珍惜花的美好白天關上院門，

親自提著水罐澆洗那青苔的花盆。

洗去胭脂斑痕顯出台階的秋色影，

冰雪招來清冷露珠映出花的精魂。

清淡到極點才認識花的份外嬌艷，

無限愁思怎能使白玉沒有點淚痕。

要報答秋神的恩惠應當保持純潔，

無言地獨自佇立天色又到了黃昏。

【注釋】

(1)手瓮：手提的水罐。

(2)珍重：珍惜、重視。

(3)白帝：傳說中西方主管秋事的神。

(4)婷婷：美好的樣子，多形容女性站立的姿態。

賈寶玉：其三

秋容淺淡映重門，七節攢成雪滿盆。

出浴太真冰作影，捧心西子玉為魂。

曉風不散愁千點，宿雨還添淚一痕。

獨倚畫欄如有意，清砧怨笛送黃昏。

【語譯】

淡淡的秋花映照著層層院門，繁枝花朵聚成白霜灑滿花盆。

像剛沐浴的楊妃冰霜為身影，又像西施獻身以白玉為靈魂。

清涼的晨風吹不散沉重哀愁，昨夜冷雨給它添上一抹淚痕。

孤獨地靠著欄杆像深沉思索，淒涼的砧聲和笛音送走黃昏。

【注釋】

(1)秋容：秋天的景色，這裏指秋花，即白海棠。

(2)攢：聚在一起；也作積聚、積蓄。

(3)太真：即楊玉環，唐玄宗貴妃。

(4)西子：即西施，見《警幻仙姑賦》注釋。

(5)砧：搗衣石，這裏指搗衣聲音；也指搗砸東西時墊在底下的墩子。

林黛玉：其四

> 半卷湘簾半掩門，碾冰為土玉為盆。
>
> 偷來梨蕊三分白，借得梅花一縷魂。
>
> 月窟仙人縫縞袂，秋閨怨女拭啼痕。
>
> 嬌羞默默同誰訴，倦倚西風夜已昏。

【語譯】

半捲著湘妃竹簾半閉著門，碾碎冰霜作土用白玉做盆。

偷來了梨樹花蕊幾分白色，借到了白色梅花一絲精魂。

像月宮仙娥縫製白色天衣，又像秋閨哀怨少女擦淚痕。

怯弱含羞能和誰默默傾訴，疲倦地倚欄臨風夜色深沉。

【注釋】

⑴湘簾：用湘妃竹做的門簾。

⑵月窟縞袂：月窟，月中洞窟，這裏指月宮。袂，袖子；縞袂，白衣。

史湘雲：白海棠和韻

> 神仙昨日降都門，種得藍田玉一盆。
>
> 自是霜娥偏愛冷，非關倩女欲離魂。
>
> 秋陰捧出何方雪？雨漬添來隔宿痕。
>
> 卻喜詩人吟不倦，肯令寂寞度朝昏。

【語譯】

天上神仙昨日降臨京城門，把純淨的藍田玉種在花盆。

本是霜娥喜歡冰雪的寒冷，卻並非是倩女多情而離魂。

深秋時節從何處捧來白雪？是昨夜秋雨塗上淡淡跡痕。

但可貴的是詩人吟詠不倦，不讓它寂寞自清晨到黃昏。

【注釋】

(1)藍田玉：藍田，山名，在陝西省藍田縣，古時出美玉，稱作藍田玉。

(2)霜娥：神話中掌管冰雪的女神，亦稱青女或青娥。唐李商隱《霜月》詩云：「青女素娥俱耐冷，月中霜裏鬥嬋娟。」

(3)倩女離魂：唐陳玄佑《離魂記》記載：張倩娘與王宙相愛，後王宙因故遠行，倩娘不能同去，但她的魂魄離開軀體，幻化成自己的形象，和王宙共同起居數年之久。

(4)秋陰：深秋時節。

其二

藥芷階通蘿薜門，也宜牆角也宜盆。

花因喜潔難尋偶，人為悲秋易斷魂。

玉燭滴乾風裏淚，晶簾隔破月中痕。

幽情欲向嫦娥訴，無那虛廊月色昏！

【語譯】

蘅芷遍生的台階接著蘿薜纏繞的門，

海棠適合種在牆角也適合種在花盆。

花是因為喜歡清潔難以找伴侶匹配，

人由於深秋而悲憂容易過度傷神。

像是白玉般的蠟燭滴乾了辛酸淚，

也像水晶簾影隔斷明月出現微痕。

想要把內心的深情向著嫦娥傾訴，

怎奈空曠長廊映著月色已經昏沉。

【注釋】

⑴蘅芷句：蘅、芷都是草本植物，蘅花紫色，芷花白色；蘿薜，
蔓生常綠植物。

⑵嫦娥：也稱姮娥，神話傳說中月中女神。《淮南子・覽冥
訓》：“羿請不死之藥於西王母，姮娥悄悄奔月宮。姮娥，羿
妻也。”唐李商隱《嫦娥》詩：“嫦娥應悔偷靈藥，碧海青天
夜夜心。”

⑶無那：無奈。

二十四、菊花詩（第三十七回）

薛寶釵：憶菊

　　悵望西風抱悶思，蓼紅葦白斷腸時。

　　空籬舊圃秋無跡，冷月清霜夢有知。

　　念念心隨歸雁遠，寥寥坐聽晚砧遲。

　　誰憐我為黃花瘦，慰語重陽會有期。

【語譯】

在淒涼的西風裏惆悵眺望，我滿懷鬱悶情思，

滿眼的紅蓼白葦，這正是使人悲傷欲絕之時。

籬笆裏的菊花空空，原來花圃沒了秋日蹤影，

如今月光清冷寒霜滿地只能在夢裏把它憶記。

無限懷念的心情，隨著南飛的大雁逐漸遠去，

在暮色裏孤獨靜坐，聽那捶衣聲一直到很遲。

有誰同情我思念秋菊而憂鬱，人已十分消瘦，

安慰我的話語只有一句，來年重陽相會有期。

【注釋】

(1)蓼紅句：蓼，水蓼；葦，蘆葦；斷腸，形容悲痛的強烈。

(2)圃：原為菜園，《說文》："種菜曰圃。"這裏指種花的苑圃。

(3)寥寥：空虛，稀少。

(4)黃花瘦：黃花，即菊花，宋李清照《醉花陰》詞："莫道不銷魂，簾卷西風，人比黃花瘦。"

(5)重陽：即陰歷九月九日，兩九相重，所以叫做重陽。

賈寶玉：訪菊

閒趁霜晴試一遊，酒杯藥盞莫淹留。

霜前月下誰家種？檻外籬邊何處秋？

蠟屐遠來情得得，冷吟不盡興悠悠。

黃花若解憐詩客，休負今朝掛杖頭。

【語譯】

趁著閒暇的霜晴秋日，我信步四處漫遊，

難捨的酒杯和離不開的藥碗，勿將我留。

在霜花前和月光下，是誰家栽種的秋菊？

那欄杆外籬芭邊，是來自何方的一片金秋？

穿著蠟屐又滿懷著深情，我特意到此遊賞，

寒秋裏對你吟詠不夠，濃厚興趣無盡無休。

菊花如能理解，愛憐不辭辛苦的詩人心意，

莫辜負眼前秋景，像阮修挑著錢囊去買酒。

【注釋】

⑴淹留：久留。《楚辭·離騷》：“時繽紛其易變兮，又何可以淹留。”

⑵檻：廳、軒外邊的欄杆。

⑶蠟屐：屐，有齒的走泥濘道路的木底鞋；蠟屐，往鞋上塗蠟做保護層，原意是對屐的愛惜，這裏是準備好走遠路的鞋。《晉書·阮孚傳》：“阮孚好屐……或有脂孚，正見自蠟屐，因自嘆曰：未知一生當著幾量屐。”

⑷得得：特意。《全唐詩話》：僧貫休入蜀，以詩投王建曰：“一瓶一缽垂垂志，千山千水得得來。”得得，唐人方言，猶特地也。

賈寶玉：種菊

攜鋤秋圃自移來，籬畔庭前處處栽，

昨夜不期經雨活，今朝猶喜帶霜開。

冷吟秋色詩千首，醉酹寒香酒一杯。

泉溉泥封勤護惜，好和井徑絕塵埃。

【語譯】

我攜帶鋤頭從花苑裏將菊苗移來，

在籬笆旁邊和庭院前面把幼菊栽。

昨晚不料下場秋雨花苗都已長活，

今天更使我高興花蕾冒著霜綻開。

面對清冷西風吟唱秋色詩意正濃，

賞著秋菊帶著醉意敬香花酒一杯。

泉水澆灌沃土封護我精心勤培育，

甘願陪伴你以便與庸俗人生分開。

【注釋】

⑴不期：期，約會，《詩經·鄘風·桑中》："期我乎桑中。"
　　不期，不經約會，這裏引伸爲意外，料想不到的意思。

⑵酹：祭奠時用酒灑地，《後漢書·張奐傳》："以酒酹地。"
　　宋蘇軾《念奴嬌·赤壁懷古》："一樽還酹江月。"

⑶寒香：菊花散發的清冷香氣，這裏代稱菊花。

⑷井徑：井，田地；徑，田間小路。鮑照《蕪城賦》："井徑滅
　　兮近壟殘。"這裏比喻世俗的人生道路。

史湘雲：對菊

別圃移來貴比金，一叢淺淡一叢深。

蕭疏籬畔科頭坐，清冷香中抱膝吟。

數去更無君傲世，看來惟有我知音！

秋光荏苒休辜負，相對原宜惜寸陰。

【語譯】

　　從別處移來的秋菊，它的珍貴勝黃金，

　　這叢顏色淺淡，那叢顏色卻又十分濃。

　　在蕭條稀疏的籬笆旁邊，不戴頭巾坐，

　　在沁人的清涼香氣裏，抱著膝蓋低吟。

　　屈指點數世俗之輩，只有你傲視人生，

　　看起來，僅有我與你志同道合算知音！

　　秋日緩緩流逝，請不要辜負宜人景色，

　　讓我倆相對而坐，本該珍惜每寸光陰。

【注釋】

⑴清冷香：指菊花香；抱膝吟：抱膝吟詩。

⑵知音：原意是能聽懂音樂。《列子·湯問》："伯牙鼓琴，志在高山，鍾子期曰：'峨峨然若泰山'，志在流水，曰：'洋洋然若江河'。子期死。伯牙絕弦，以無知音。"後引伸爲知己。

⑶荏，植物名，即白蘇；也作軟弱、軟苗解。荏苒，時間漸漸過去。

⑷科頭：光著頭。

史湘雲：供菊

　　彈琴酌酒喜堪儔，几案婷婷點綴幽。

　　隔坐香分三徑露，拋書人對一枝秋。

　　霜清紙帳來新夢，圍冷斜陽憶舊遊。

　　傲世也因同氣味，春風桃李未淹留。

【語譯】

　　彈素琴飲美酒賞菊花可並稱三友，

　　几案上你婷婷玉立顯得雅緻清幽。

　　隔座就聞到芳香彷彿被露珠濕透，

　　我拋開書卷面對這幾枝秋芳凝眸。

　　清冷霜花侵入圍帳我新夢添光彩，

　　夕陽照著秋苑又想起往日的賞遊。

　　我讚賞你傲世性格只因氣味相投，

　　在盛開桃李面前我未曾駐足停留。

【注釋】

(1)喜堪儔：堪，勝任、可以、能夠；儔，並列，同輩人；喜堪儔，是說賞菊可以和彈琴、酌酒並列，都是很高興的事。

(2)三徑露：三徑，這裏指院中的甬道；露，院中的露水。

(3)一枝秋：指秋菊。

(4)紙帳：一種用紙做的睡帳。

林黛玉：詠菊

　　無賴詩魔昏曉侵，繞籬欹石自沉音。

　　毫端蘊秀臨霜寫，口角噙香對月吟。

　　滿紙自憐題素怨，片言誰解訴秋心？

　　一從陶令評章後，千古高風說到今。

【語譯】

　　魔頭詩興無賴般的整天纏著我的心，

　　繞籬笆倚山石自己在那裏沉思低吟。

　　筆尖上凝聚想像在白紙上寫著詩文，

　　嘴角上含著詩句芳香對著明月長吟。

　　滿篇流露出自己命運的平素悲和憤，

　　片言隻語怎能訴說別人難解的心情。

　　自從陶潛寫出評價菊花的詩篇以後，

　　它的高尚品格自古一直傳頌到如今。

【注釋】

⑴詩魔：詩人把不可遏制的創作興趣比作誘惑折磨人的妖魔。白居易詩：“惟有詩魔降未得，每逢風月一閒吟。”

⑵沉音：即沉吟，邊思考邊緩慢地低聲吟誦。

⑶毫端句：毫，尖而細的毛；毫端，就是筆尖；霜：白紙。

⑷題素怨：題，寫出；素，平素；素怨，平時的怨憤。

⑸陶令評章：陶令，即晉代詩人陶潛，曾經做過彭澤縣令，故稱他爲陶令。評章，即評論。此指陶潛《和郭立簿》詩：“芳竹開林間，青松冠巖列。懷此貞秀姿，卓爲霜下傑。”這是最早讚美菊花的詩。

薛寶釵：畫菊

　　詩餘戲筆不知狂，豈是丹青費較量？

　　聚葉潑成千點墨，攢花染出幾痕霜。

　　淡濃神會風前影，跳脫秋生腕底香。

> 莫認東籬閒採掇，黏屏聊以慰重陽。

【語譯】

> 詩興未盡又揮畫筆覺不出自己痴狂，
> 哪裏想在繪畫方面與別人爭勝比強？
> 筆尖凝聚著濃墨潑點出千萬朵香花，
> 在那凝聚的花瓣上皺潤出柔和輕霜。
> 濃淡全憑靈思描繪迎風的菊花形象，
> 靈巧的筆下現出秋花手腕散發清香。
> 不要認為東籬旁邊才是觀賞菊花處，
> 屏風上貼上這幅畫也可舒心度重陽。

【注釋】

⑴丹青：丹，紅色；青，青色，都是繪畫顏料，故常以丹青借代
　繪畫。

⑵千點墨：指用墨畫成的墨菊。

⑶神會：神，思維；會，相合；神會，指用思想體會出客觀事物
　的本質。

⑷跳脫：繪畫時，筆鋒的跳動靈活。

⑸掇：拾起。

林黛玉：問菊

> 欲訊秋情眾莫知，喃喃負手扣東籬；
>
> 孤標傲世偕誰隱？一樣花開為底遲？
>
> 圃露庭霜何寂寞？雁歸蛩病可相思？

莫言舉世無談者，解語何妨話片時。

【語譯】

我想詢問秋菊的心情，眾人都說莫相知，

我背著手自言自語，探問東籬邊的花枝。

請問傲世挺立的花枝，你打算和誰隱居？

春光中百花齊放，你為何開謝得這樣遲？

飽經花圃寒露階庭嚴霜，你是如何寂寞？

大雁南飛蟋蟀呻吟，你是否為它們沉思？

不要說整個人間，沒有可以談心的知己，

你若懂得話語，咱們不妨嘮它片刻一時。

【注釋】

(1)喃喃：不斷地低聲自語。

(2)為底：為甚麼。

(3)蛩：蟋蟀。這裏指深秋蟋蟀淒涼的叫聲。

賈探春：簪菊

瓶供籬栽日日忙，折來休認鏡中妝。

長安公子因花癖，彭澤先生是酒狂。

短鬢冷沾三徑露，葛巾香染九秋霜。

高情不入時人眼，拍手憑他笑路旁。

【語譯】

瓶裏供養籬笆旁栽，天天為它奔忙，

摘來插在鬢旁，鏡中認不出原模樣。

這像是長安公子，愛花已經成癖好，

又像彭澤縣令陶潛，嗜好美酒如狂。

短短鬢角，感到花枝上的露珠清冷，

粗布頭巾染著香氣，還摻有深秋霜。

高尚脫俗的性格，不被平庸人重視，

讓他們拍手指點，在路旁譏笑誹謗。

【注釋】

⑴簪菊：簪，舊時別在髮髻上的一種裝飾；簪菊，把菊花插在頭上。

⑵彭澤先生句：彭澤先生，即陶潛（名淵明）。酒狂，《續晉陽秋》："陶潛嘗九月九日無酒，宅邊東籬上菊花叢中，摘菊盈地，坐側。未幾，望見白衣人至，乃王弘送酒也，即便就酌，醉而後歸。"

⑶三徑露：見前史湘雲《供菊》注釋。

⑷葛巾：用葛布做的頭巾。

⑸九秋：秋天，秋季三個月共九十天，所以秋天為三秋或九秋。

史湘雲：菊影

秋光疊疊復重重，潛度偷移三徑中。

窗隔疏燈描遠近，籬篩破月鎖玲瓏。

寒芳留照魂應駐，霜印傳神夢也空。

珍重暗香踏碎處，憑誰醉眼認朦朧。

【語譯】

秋天陽光下的花蔭，影兒疊疊層層，

那影兒隨著陽光，在院中悄悄移動。

稀疏的燈光隔著窗紙描畫遠近花影，

籬笆空隙折射月光，多麼剔透玲瓏。

清冽芳香高潔品格，永留在記憶裏，

霜地印著傳神菊影，就別進入夢中。

我珍惜地漫步，踏破微香竟那麼濃重，

借助月光，還可以認出朦朧的小路徑。

【注釋】

⑴籬篩：編織籬笆的空隙。

⑵駐：停留。

⑶暗香：幽微的香氣，宋林逋《梅花詩》：“疏影橫斜水清淺，

　暗香浮動月黃昏。”

林黛玉：菊夢

籬畔秋酣一覺清，和雲伴月不分明。

登仙非慕莊生蝶，憶舊還尋陶令盟。

睡去依依隨雁斷，驚回故故惱蛩鳴。

醒時幽怨同誰訴，衰草寒煙無限情！

【語譯】

在深秋的籬笆邊，你沉睡進入清涼夢境，

是伴彩雲還是陪亮月，她可有點分不清。

　　夢裏飄飄欲仙，不是仰慕莊周化蝴蝶，
　　只是憶起當年友情，想找到陶潛踐盟。
　　睡去了，她的依戀心情隨著鴻雁飛去而斷，
　　驚醒了，她恨蟋蟀發出深秋的陣陣叫鳴聲。
　　清醒時，她那深沉的哀怨能夠對哪個傾訴，
　　滿眼冷霧敗草，那難平的內心飽含著深情。

【注釋】

(1)秋酣：秋色濃重。

(2)莊生：即莊周。

(3)夢蝶：《莊子·齊物論》："昔者莊周夢爲蝴蝶，栩栩然蝴蝶
　　也，自喻適志與，不知周也；俄而覺，則蘧蘧然周也。"

賈探春：殘菊

　　露凝霜重漸傾欹，宴賞才過小雪時。

　　蒂有餘香金淡泊，枝無全葉翠離披。

　　半床落月蛩聲切，萬里寒雲雁陣遲。

　　明歲秋分知再會，暫時分手莫相思。

【語譯】

　　露珠寒霜凝重，花枝也漸漸傾斜，
　　歡宴賞花剛結束，就到了小雪時。
　　花蒂上還留有微香，金瓣已消褪，
　　枝枒沒有完整葉，殘片已經扮披。
　　落月照著半邊床幃，蟋蟀叫聲悲，

長空中陰冷烏雲，雁群飛得緩遲。

明知來年秋皆時節，還有相會期，

此僅暫時離別，切莫哀戀日夜思！

【注釋】

⑴傾欹：欹，不正；傾欹，傾斜。

⑵金淡泊：金，金黃色菊花；淡泊，消褪。

⑶翠離披：翠，指花瓣顏色，即深綠的葉片；離披，四散分開。

二十五、林黛玉：代別離‧秋窗風雨夕

（第四十五回）

秋花慘淡秋草黃，耿耿秋燈秋夜長；

已覺秋窗秋不盡，那堪風雨助淒涼！

助秋風雨來何速？驚破秋窗秋夢續；

抱得秋情不忍眠，自向秋屏挑淚燭。

淚燭搖搖爇短檠，牽愁照恨動離情；

誰家秋院無風入？何處秋窗無雨聲？

羅衾不奈秋風力，殘漏聲催秋雨急；

連宵脈脈復颼颼，燈前似伴離人泣。

寒煙小院轉蕭條，疏竹虛窗時滴瀝；

不知風雨幾時休，已教淚灑窗紗濕。

【語譯】

秋天的花兒暗淡失色，秋天的草兒萎縮枯黃，
秋天的燈光微弱昏暗，秋天的夜色多麼漫長；
秋天的窗前一片蕭瑟，秋天的景像讓人寂寞；
哪能受得了淒風苦雨，更促使人內心又淒涼！
助長深秋的寒風冷雨，為甚麼來得如此迅速？
風雨敲打秋天的窗紙，秋天的夢境時斷時續；
懷著秋天深沉的感觸，實在不忍心安歇入眠，
獨自對著秋天的屏風，撥亮滴滿淚水的蠟燭，
流淚的燈燭閃著微光，已經燒到矮小的蠟台，
惹起憂愁映照著怨恨，又挑動了別離的情懷；
秋天裏哪一家的院落，沒有清冷的秋風吹入？
秋天裏甚麼地方窗紙，不被敲擊雨伴風聲來？
單薄的絲綢被褥雖好，卻抵擋不住寒風侵襲，
破曉的漏壺聲在催促，秋雨蕭蕭下得更加急；
漫長的秋夜雨聲連綿，伴隨著秋風颼颼不斷，
好像在燈前正陪伴著，遠離家鄉人低聲哭泣。
籠罩著寒氣的小院裏，更加清涼蕭條和冷落，
稀疏的竹梢空虛窗櫺，滴落著冷冰冰的秋雨；
不知道那風聲和雨點，要到甚麼時候才停息，
那窗戶上的單薄網紗，早被清冷的淚水潤濕。

【注釋】

⑴耿耿：這裏指燈的亮光。

(2)秋屏：秋天的屏風。

(3)爇短檠：爇，焚燒；檠，蠟台；短檠，矮小的蠟台。

(4)羅衾：衾，被子；羅衾，絲織的被褥。

(5)脈脈復颼颼：脈脈，這裏指細雨連綿；復，又；颼颼，涼風的
　聲音。

二十六、香菱：吟月詩（第四十八回）

> 月桂中天夜色寒，清光皎皎影團團。
> 詩人助興常思玩，野客添愁不忍觀。
> 翡翠樓邊懸玉鏡，珍珠簾外掛冷盤。
> 良宵何用燒銀燭，晴彩輝煌映畫欄。

【語譯】

　月亮已經升到天頂，夜氣漸漸寒冷，
　清冷的月光格外明亮，那影兒璧圓。
　詩友們興趣正濃，時常想斟酌品玩，
　外面的夜色讓人添愁，不忍心再看。
　綠玉色的樓邊，掛著白玉般的明鏡，
　鑲珠的簾外，懸著塊清冷的白玉盤。
　美好的夜晚，何必點燃銀白色蠟燭，
　晴空中的星光月色，輝映繪畫護欄。

其二

> 非銀非水映窗寒，試看晴空護玉盤。
>
> 淡淡梅花香欲染，絲絲柳帶露初乾。
>
> 只疑殘粉塗金砌，恍若輕霜抹玉欄。
>
> 夢醒西樓人跡絕，餘容猶可隔簾看。

【語譯】

> 不是銀光水色映著清冷的簾窗，
> 試看明朗的夜空群星擁著玉盤。
> 顏色淺淡的梅花幽香浸染空氣，
> 絲絲縷縷的柳條上的露水才乾。
> 只疑惑是殘存脂粉塗上那牆壁，
> 又隱約是淡薄的霜露抹在欄杆。
> 夜色深沉西樓上的人們已酣睡，
> 月光的餘輝還能透過窗簾窺看。

其三

> 精華欲掩料應難，影自娟娟魄自寒。
>
> 一片砧敲千里白，半輪雞唱五更殘。
>
> 綠蓑江上秋聞笛，紅袖樓頭夜倚欄。
>
> 博得嫦娥應自問，何緣不使永團圞。

【語譯】

要遮掩她動人的容顏想必很難，
你看她姣麗的身影多孤獨淒寒。
千里月色中傳來一陣陣搗衣聲，
明月半輪雄雞啼唱五更已不長。
江上的漁人和著秋風吹起響笛，
繡樓上孤單女子夜裏靠著欄杆。
嫦娥深受感動並且同情地自問，
爲何不讓她像十五月亮那樣圓。

【注釋】

⑴月桂：月中的桂樹，這裏指代月亮。見前賈寶玉《秋夜即事》
　注。

⑵娟娟：美好，多指姿態。杜甫《小寒食舟中作》："娟娟戲蝶
　過閒幔。"此處指月亮的閒靜姿態。

⑶砧敲千里白：砧，捶衣石；砧敲，此處指捶衣的聲音；砧敲千
　里白，在皓月千里的夜晚，浣洗衣料的女子正忙著搗衣。

⑷綠蓑：即綠蓑衣，用草或竹葉編製的雨披。這裏指漁人。

⑸嫦娥：月中仙女。見前史湘雲《白海棠和韻》其二注釋。

⑹團圞：形容月圓。

二十七、蘆雪庭即景聯句（第五十回）

一夜北風緊，開門雪尚飄。

入泥憐潔白，匝地惜瓊瑤。

有意榮枯草，無心飾萎苗。

價高村釀熟，年稔府粱饒。

葭動灰飛管，陽回斗轉杓。

寒山已失翠，凍浦不生潮。

易掛疏枝柳，難堆破葉蕉。

麝煤融寶鼎，綺袖籠金貂。

光奪窗前鏡，香黏壁上椒。

斜風仍故故，清夢轉聊聊。

何處梅花笛，誰家碧玉簫？

鰲愁坤軸陷，龍鬥陣雲銷。

野岸回孤棹，吟鞭指灞橋。

賜裘憐撫戍，加絮念征徭。

坳垤審夷險，枝柯怕動搖。

皚皚輕趁步，剪剪舞隨腰。

苦茗成新賞，孤松訂久要。

泥鴻從印跡，林斧或聞樵。

伏象千峰凸，盤蛇一徑遙。

花緣經冷結，色豈畏霜凋。

深院驚寒雀，空山泣老鴞。

階墀隨上下，池水任浮漂。

照耀臨清曉，繽紛入永宵。

誠忘三尺冷，瑞釋九重焦。

僵臥誰相問，狂遊客喜招。

天機斷縞帶，海市失鮫綃。

寂寞封台榭，清貧懷簞瓢。

烹茶水漸沸，煮酒葉難燒。

沒帚山僧掃，埋琴稚子挑。

石樓閒睡鶴，錦罽暖親貓。

月窟翻銀浪，霞城隱赤標。

沁梅香可嚼，淋竹醉堪調。

或濕鴛鴦帶，時凝翡翠翹。

無風仍脈脈，不雨亦瀟瀟。

欲志今朝樂，憑詩祝舜堯。

【語譯】

猛烈的北風整整吹了一夜，早晨開門時雪花還在紛飄。

潔花落在泥土上叫人心疼，遍地都是令人惋惜的瓊瑤。

像是有意讓枯草充滿生氣，卻無心裝飾那枯萎的禾苗。

價值很高的村酒已經釀好，豐年好景倉庫的糧食富饒。

黃鐘律管上蘆葦灰已吹掉，陽氣回升北斗也轉過斗杓。
清冷的山巒消失了青綠色，結冰的水濱不再湧起浪潮。
容易沾在那稀疏的柳枝條，卻很難附著在葉破的芭蕉。
在溫暖的鼎爐上融開香墨，穿上輕柔錦衣戴上金貂帽。
雪光使窗上明鏡黯然失色，雪香如同塗在壁上的芳椒。
斜吹的寒風仍然無休無止，悠閒的夢境變得空虛飄緲。
哪裏傳來"梅花落"的脆笛聲，又是誰家吹起悠揚的碧簫？
鼇魚為地軸塌陷感到憂愁，天上玉龍交戰結束雲霧銷。
孤寂的小船駛回荒涼河岸，騎馬的詩人揮鞭走向灞橋。
朝廷賞裘衣憐惜守邊將士，婦女念征夫加厚縫製棉袍。
道路坎坷要度量平安危險，樹下積雪怕的是枝葉動搖。
皚皚白雪使腳步更加輕快，銳利寒風使行走好像舞蹈。
苦澀的濃茶成了賞雪佳品，同孤高蒼松立下長久盟約。
從地上足跡辨出南歸大雁，自林中傳出樵夫刀斧擊敲。
無數山峰有如蹲伏的白象，崎嶇小道好像盤蛇向遠遙。
梅花只因嚴寒才含苞怒放，艷色怎能畏懼霜雪就殘凋。
深院驚起衝破寒風的雀鳥，空曠山谷嚇走悲泣的禽鴞。
白雪沿著台階曲折地覆蓋，落進池塘在水面隨意浮漂。
晶瑩雪光照耀清涼的拂曉，紛飛的雪片進入長夜深宵。
誠心不顧三尺深雪的寒冷，瑞雪能把君主的焦慮解消。
窮人凍死在路旁有誰過問，權貴盡情遊樂將冰雪招邀。
像天宮的織機割斷白絲帶，如海市蜃樓失落鮫人輕綃。
封鎖了樓台水榭多麼寂寞，清苦生活要牢記安貧樂道。
爐上煮的茶水漸漸地滾沸，溫酒用的草葉潮濕難燃燒。
白雪覆蓋了山寺僧人竹帚，雪花蒙住了孩童肩上琴梢。

石樓中睡著了悠閒的白鶴，毛毯裏溫暖著逗人的小貓。

皎潔的月宮翻騰銀色暈浪，碧霞城裏隱現赤城峰尖杪。

沁心的梅花芳香似可咀嚼，濕潤的竹枝搖動猶能彈調。

間或浸濕腰上的鴛鴦寶帶，有時凍凝頭上的翡翠玉翹。

風停了雪片仍在輕輕飛舞，雨止了雪花還在灑灑飄飄。

吟詩聯句想寫下今天歡樂，用詩篇祝福像舜堯的王朝。

【注釋】

(1)匝地句：匝，環繞，此處是遍地的意思。瓊瑤，瓊和瑤都是美玉，這裏指落在地上的潔白雪片。

(2)村釀；釀，釀造；村釀，鄉村釀造的酒。

(3)府粱饒：府，古時貯藏財物的地方，這裏指糧倉，《商君書‧去強》：“金粟兩生，倉府兩實，國強。”粱，小米，這裏泛指糧食；饒，豐足。

(4)葭動灰飛管：葭，蘆葦；管，管形樂器。古代以音樂中的律呂與節氣相配，冬至相當於“黃鐘”，據說到冬至時刻，節氣一動，“黃鐘”律管兩端的蘆葦灰就自動飛了，以此來調音和測定節氣。《太元經》：“調律者，度竹為管，蘆莩（蘆葦裏的薄膜）為灰，到元九，閉之中，漠然無動，寂然無聲，微風不起，纖塵不形，冬至夜半，黃鐘以應。”杜甫《小至》：“刺繡五紋添弱線，吹葭六琯（同管）動飛灰。”

(5)陽回斗轉杓：陽，陽氣，古代認為四時變化是陰陽消長的結果：夏至時，陽氣最盛，陰氣始生；冬至時則陰氣到了頂點，陽氣開始升起。《漢書》：“冬至陽氣起，君道長，故賀；夏至陰氣起，君道消，故不賀。”斗，指北斗七星；杓，北斗七星的連接線為杓形；斗轉杓，北斗杓柄在冬至時轉到“子”的位置，即指向正北。

(6)麝煤句：麝媒，即麝香媒，一種很名貴的墨；寶鼎，貴重的鼎，這是指鼎形爐子。

(7)壁上椒：漢代后妃的住處以椒塗壁，稱爲椒房。

(8)故故：屢屢，杜甫《月》詩："時時開暗室，故故滿青天。"這裏指風一陣一陣吹來。

(9)梅花笛：吹奏《梅花落》曲調的笛聲。宋郭茂倩《樂府詩集》："梅花落本笛中曲也。"孫逖詩："聞唱梅花落，江南春意深。"這是用梅花落曲調暗示春天的到來。

(10)碧玉簫：用碧玉裝飾的簫，這裏指簫聲。

(11)鰲愁句：龍鬥，指白雪像天空玉龍相鬥撕落的白色鱗片；陣雲，作戰時飛揚起來的塵埃，這裏指陰雲；銷，散，即天晴。

(12)棹，船槳，借代船。

(13)灞橋：漢代橋名，《三輔黃圖》："灞橋在長安東，跨水爲橋，漢人送客至此橋，折柳贈別。相國鄭綮善詩，或曰：'相國近得新詩否？'對曰：'詩思在灞橋風雪中，驢子上'。"這裏"吟鞭指灞橋"，指雪裏行吟事。

(14)賜裘句：戍，守衛邊境的士卒；徭，指服役的勞工。

(15)坳垤：坳，小水窪；垤，小土堆；坳垤，路高低不平；審，仔細觀察；夷，平坦；險，難走。

(16)枝坷：柯，枝；枝柯，即樹枝。

(17)剪剪：形容冷風的尖利。

(18)鴻：大雁。

(19)樵：這裏指砍柴的聲音。

(20)鴞：一種兇猛的鳥，即鴟鴞，比貓頭鷹兇猛。

(21)階墀：台階的階梯爲階，階上的平坦處爲墀。

(22)瑞釋句：瑞，瑞雪；釋，消釋。融化；九重，原指天，神話傳
說天有九重，後稱帝王住處爲九重，也代指君主；焦，心情煩
躁。

(23)縞帶：白色帶子。縞，白色絲織品。

(24)海市：即海市蜃樓。大氣中由於光線的折射作用而形成的一種
自然現象，多在夏天出現在沿海一帶或沙漠地區，古人誤認爲
蜃吐氣而成，所以叫海市蜃樓。

(25)清貧句：簞，竹編的盛食物的圓形小筐；簞瓢，簞食瓢飲，
《論語·雍也》："一簞食，一瓢飲，在陋巷，人不堪其憂，
回也，不改其樂，賢哉回也！"這是孔子稱贊顏回能"安貧樂
道"的話。

(26)霞城句：霞城，即碧霞城，神話中仙人居住的地方；赤標，即
赤城山峰，傳說赤城山中有一峰，爲人世間最高的山峰。

(27)翡翠翹：豪門貴族婦女的一種頭飾。

(28)舜堯：歷史傳說中遠古時代的兩個帝王。

二十八、紅梅詩（第五十回）

邢岫煙：賦得紅梅花

　　桃未芳菲杏未紅，衝寒先喜笑東風。

　　魂飛庾嶺春難辨，霞隔羅浮夢未通。

綠萼添妝融寶炬，縞仙扶醉跨殘虹。

看來豈是尋常色，濃淡由他冰雪中。

【語譯】

桃花不曾飄出清香，杏花也未透出嬌紅，
你卻搶先衝破嚴寒，仰著笑臉喜迎東風。
我的思緒飛到庾嶺，梅花盛開不分冬春，
霞光隔住羅浮山頂，趙師雄的夢難作成。
托片為你增添秀綠，紅花像燃燒的燭燈，
雪枝像醉臥的仙女，白衣連花瓣綴成虹。
看來這鮮艷的梅花，怎麼能是平常顏色，
不論是濃重或淺淡，都衝破冰雪喚東風。

【注釋】

⑴庾嶺：庾嶺以盛開梅花著稱，《見聞近錄》：“庾嶺險絕，通
渠流泉，涓涓不絕，紅白梅夾道，仰視青天，如一線然。”所
以庾嶺又稱梅嶺。

⑵羅浮夢：羅浮，山名，在廣東境內；夢，指趙師雄的故事，
《龍城錄》：“隋開皇中，趙師雄遊羅浮。日暮，由林間酒肆
旁舍見美人，淡妝素服出迎。師雄與談，言極清麗，芳香襲
人。與之扣酒家共飲，一綠衣童子歌舞於側。師雄臥，久之，
東方既白，起視，乃在大梅花樹下，上有翠羽啾嘈，月落參
橫，但惆悵而去。”

⑶綠萼句：綠萼，花朵下面的綠色托片；寶炬，貴重的蠟燭。

⑷縞仙：白衣仙子。

李紈：其二

> 白梅懶賦賦紅梅，逞艷先迎醉眼開。
>
> 凍臉有痕皆是血，酸心無恨亦成灰。
>
> 誤吞丹藥移真骨，偷下瑤池脫舊胎。
>
> 江北江南春燦爛，寄言蜂蝶漫疑猜。

【語譯】

　　我不願意描寫白梅，卻最喜歡詠唱紅梅，

　　迎著我陶醉的雙眼，美艷花枝爭先放開。

　　像臉上凍出的裂痕，血跡和花片難區分，

　　也像青梅樣的酸澀，但無怨恨也成飛灰。

　　像嫦娥誤吃了仙藥，把凡體換成了仙骨，

　　像仙女偷跑出瑤池，拋棄舊骨換了新胎。

　　江南江北春光明媚，正是一片繁華燦爛，

　　捎給那蜂蝶一句話，不要懷疑或隨意猜。

【注釋】

⑴誤吞丹藥：指嫦娥盜藥奔月的神話傳說。

⑵瑤池：神話中西王母居住的地方。《穆天子傳》："觴西王母予瑤池之上。"

薛寶琴：其三

> 疏是枝條艷是花，春妝兒女競奢華。
>
> 閒庭曲檻無餘雪，流水空山有落霞。

幽夢冷隨紅袖笛，遊仙香泛絳河槎。

前生定是瑤台種，無復相疑色相差。

【語譯】

稀疏橫斜的枝條，鮮艷如火的紅花，

如春光妝扮少女，誇耀各自的奢華。

幽靜庭院曲折欄，看不見剩下的雪，

潺潺流水空山谷，落下了燦爛紅霞。

伴隨閨女悠揚笛，深酣夢境多清涼，

清香花瓣染紅水，像銀河紅色仙筏。

她前世胚胎根苗，一定是瑤台生長，

不用懷疑她模樣，紅梅仙葩本不差。

【注釋】

⑴紅袖：代指年輕的女性。

⑵絳河槎：絳，紅色；槎，木筏；這裏指神話中仙人乘坐的木
　筏。

⑶前身：前世或前生。

⑷色相：容貌，形象。

賈寶玉：訪妙玉乞紅梅

酒未開樽句未裁，尋春問臘到蓬萊。

不求大士瓶中露，為乞嫦娥檻外梅。

入世冷挑紅雪去，離塵香割紫雲來。

槎枒誰惜詩肩瘦，衣上猶沾佛院苔。

【語譯】

美酒還沒舉杯暢飲，詩句也未錘煉剪裁，

爲尋春光訪問臘梅，我來到了仙境蓬萊。

不是要求南海觀音，賜點淨瓶中的甘露，

是向那司霜的女神，要一枝檻外的紅梅。

來到這喧鬧的塵世，隨露挑走猩紅雪片，

離開這庸俗的人間，伴香將紫雲割開來。

只顧讚美蜷曲梅枝，忘了憐惜瘦弱詩人，

她的衣襟還沾滿著，幽靜佛院裏的蘚苔。

【注釋】

⑴蓬萊：傳說中的海上仙境。

⑵大士：佛教稱菩薩爲大士。此指妙玉。

⑶槎枒句：槎枒，指梅花的枝丫；詩肩瘦，指摘來梅枝的詩人的
　瘦弱。

二十九、真真國女兒所作詩（第五十二回）

昨夜朱樓夢，今宵水國吟。

島雲蒸大海，嵐氣接叢林。

月本無今古，情緣自淺深。

漢南春歷歷，焉得不關心？

【語譯】

昨晚還在故國的紅樓上酣夢沉沉，
今晚卻來到這茫茫海上朗誦高吟。
島上濃雲遮蓋了波濤洶湧的大海，
山中茫霧連接著蒼蒼莽莽的森林。
天上的明月本來就沒有古今之分，
那都是因為人們的情感有淺有深。
漢水南面正是春光明媚歷歷在目，
這怎麼能不使我神思向往而傾心？

【注釋】

(1)朱樓：舊時豪門貴族的紅色飾樓。

(2)水國：國，區域；水國，水域或多水的地方。李白詩：“水國
　　秋風夜，珠非運別時。”這裏指海。

(3)嵐氣：山巒的霧氣。

(4)緣：因為。

(5)漢南：漢，漢水。長江的一條支流，在湖北境內。這裏泛指漢
　　水南岸一帶地方。

(6)焉：怎么，疑問代詞。

三十、林黛玉：五美吟（第六十四回）

西施

一代傾城逐浪花，吳宮空自憶兒家。

效顰莫笑東村女，頭白溪邊尚浣紗。

【語譯】

　　舉國聞名的一代美女，早已消逝隨著浪花，

　　長年深鎖在吳主宮闈，徒然想念兒時的家。

　　東村的醜女雖然效顰，傳告人們莫去笑語，

　　她還能平安白頭到老，老閒地在溪邊洗紗。

【注釋】

⑴西施：春秋時越國美女。據《吳越春秋》等書載：越王勾踐為麻痺吳王夫差的鬥志，把西施獻給夫差，勾踐滅吳以後，西施不知所終，一說隨范蠡渡海而去，一說沉江而死。

⑵傾城：比喻女性的美麗至極，《漢書‧外戚傳》李延年歌：“北方有佳人，遺世而獨立，一顧傾人城，再顧傾人國。”

⑶效顰：效，仿效；顰，皺眉頭；效顰，《莊子‧天運》載，西施因病，常皺著眉頭。同村有個東施，長得很醜，卻仿效西施也皺起雙眉，反而顯得更醜。後來稱不恰當的模仿別人，譏為東施效顰。

虞姬

腸斷烏啼夜嘯風，虞兮幽恨對重瞳。
黥彭甘受他年醢，飲劍何如楚帳中？

【語譯】

寒鴉斷腸的哀鳴聲，伴著午夜的呼嘯悲風，
虞姬懷著滿腔怨恨，面對窮途末路的夫君。
叛離的英布和彭越，束手待斃甘受著極刑，
怎比堅貞拔劍自刎，壯烈犧牲在楚國帳中？

【注釋】

⑴虞姬：項羽的侍姬。據《史記·項羽本紀》載：項羽被劉邦的
　軍隊圍困在垓下，夜間又聽到劉邦的軍隊在四面唱起楚歌，他
　的士卒都想起自己的家鄉，不願死戰。項羽看到大勢已去，便
　對著虞姬和駿馬唱出"力拔山兮氣蓋世，時不利兮騅不逝；騅
　不逝兮可奈何，虞兮虞兮奈若何？"的哀歌。虞姬接著唱出：
　"漢兵已略地，四方楚歌聲；大王意氣盡，賤妾何聊生！"歌
　罷，拔劍自刎。

⑵虞兮句：虞，指虞姬；幽恨，深沉的怨恨；重瞳，即每隻眼中
　有兩個瞳仁，《史記·項羽本紀》載：項羽長有重瞳，因此以
　重瞳借代項羽。

⑶黥彭：黥，即英布，原是項羽部將，以攻破秦軍有功，封為九
　江王，後投降劉邦。彭，即彭越，原來也是項羽部將，後投降
　劉邦，也以攻破楚軍有功，封為梁王，後因故觸犯劉邦，被
　殺。醢，肉醬，《史記·黥布列傳》："漢誅梁王彭越，醢

之。"這是古代一種極其殘酷的刑罰。

明妃

> 絕艷驚人出漢宮，紅顏命薄古今同。
>
> 君王縱使輕顏色，予奪權何畀畫工。

【語譯】

　　令人敬慕的絕代佳人，竟離開漢室宮廷，

　　難怪說是紅顏多薄命，古往今來都相同。

　　縱使愚昧昏庸的君王，輕率地對待容貌，

　　為何將決定命運權力，交給貪婪的毛公？

【注釋】

⑴明妃：即王昭君，原名王牆，漢元帝宮人。晉代以後改稱明
　妃，或明君。

⑵絕艷句：指昭君出塞故事。據《西京雜記》記載，昭君為宮人
　多年，不被元帝所知。當時有宮庭畫師毛延壽，為宮畫像，以
　備元帝選擇。昭君不願用金錢賄賂毛延壽，因而不得以畫像獻
　上，長期潛默無聞。後來，元帝要派遣名人遠嫁匈奴和親，毛
　延壽把畫得很醜陋的昭君畫像呈上，當即入選。臨行時，元帝
　見到了昭君的本來面目，但已經無法挽回。

⑶君王：指漢元帝。

⑷予奪句：予，給予；奪，奪回；畀，交給；畫工，指毛延壽。

綠珠

瓦礫明珠一例拋，何曾石尉重嬌嬈？

都緣頑福前生造，更有同歸慰寂寥。

【語譯】

不管是破瓦殘石還是珍珠，同樣可以不加憐惜地拋掉，

豪華奢侈而又傲慢的石崇，哪裏是珍視你的嬌美容貌？

暫時得到的無意義的幸福，只因爲是前生造定的緣份，

可還有那悲慘的同死同歸，倒是能夠來安慰你的寂寞。

【注釋】

⑴綠珠：晉代豪族石崇的侍妾。《晉書·石崇傳》記載，因綠珠
善歌舞，當權者孫秀向石崇強行索取，被石崇拒絕。後孫秀陰
謀陷害石崇，石崇臨死前對綠珠說："我今爲爾獲罪。"綠珠
回答說："願效死於君前"，於是墮樓而死。

⑵石尉：即石崇，因他做過衛尉，所以稱他爲石尉。

⑶同歸：綠珠墮樓，石崇被殺，兩人同歸於盡。

紅拂

長劍雄談態自殊，美人巨眼識窮途；

尸居餘氣楊公幕，豈得羈縻女丈夫？

【語譯】

腰佩長劍健談雄辯的李靖，風流倜儻的神態與衆不同，

明察秋毫遠見卓識的美人，一見傾心辨識出末路英雄；

行屍走肉奄奄一息的楊公，幕府中籠罩著窒息的陰影，

又怎能鎖得住女中的豪傑，無畏的紅拂她衝出了牢籠。

【注釋】

(1)紅拂：據杜光庭《虬髯客傳》記載，紅拂是隋王朝大臣楊素的
　侍婢。隋朝末年，農民起義風起雲湧，群雄割據的局面逐漸形
　成。當時還窮困落魄的李靖，去謁見楊素談論政治形勢，恰好
　紅拂在側侍主，她根據李靖卓越的見解和從容自若的神態，判
　斷他是個大有作為的人物。於是，紅拂在夜深人靜時衝出了門
　禁森嚴的楊府，會見李靖，共同去太原扶助李世民起兵，反對
　隋王朝。

(2)長劍句：指李靖。雄談，雄辯健談；態自殊，神態特殊，與眾
　不同。

(3)美人句：指紅拂。巨眼，遠見卓識；窮途，窮困的處境。

(4)尸居句：尸居，空居其位而不主事；餘氣，剩下的氣息，指當
　時隋王朝腐朽沒落，奄奄一息。楊公，即楊素；幕，幕府，指
　舊時代軍政大臣的宅署、住處。

(5)羈縻：羈絆，束縛。

三十一、林黛玉：桃花行（第七十回）

桃花簾外東風軟，桃花簾內晨妝懶；

簾外桃花簾內人，人與桃花隔不遠；

東風有意揭簾櫳，花欲窺人簾不卷。

桃花廉外開仍舊，簾中人比桃花瘦；

花解憐人花亦愁，隔簾消息風吹透。

風透簾櫳花滿庭，庭前春色倍傷情；

閒苔院落門空掩，斜日欄杆人自憑。

憑欄人向東風泣，茜裙偷傍桃花立；

桃花桃葉亂紛紛，花綻新紅葉凝碧。

樹樹煙封一萬株，烘樓照壁紅模糊。

天機燒破鴛鴦錦，春酣欲醒移珊枕；

侍女金盆送水來，香泉影蘸胭脂冷。

胭脂鮮艷何相類，花之顏色人之淚；

若將人淚比桃花，淚自長流花自媚；

淚眼觀花淚易乾，淚乾春盡花憔悴。

憔悴花遮憔悴人，花飛人倦易黃昏；

一聲杜宇春歸盡，寂寞簾櫳空月痕！

【語譯】

簾外桃花競開放，東風吹來多麼柔軟，

簾裏閨人理晨妝，面對桃花那樣懶散；

簾外桃花多艷麗，簾內人兒無心妝扮，

人面桃花對無言，相隔距離並不太遠；

東風彷彿有心意，掀起窗簾來試探望，

桃花偷看簾內人，低垂窗簾卻不翻捲。
簾外桃花仍開艷，滿園繁華一片錦繡，
簾裏人兒眉不展，竟比桃花還要清瘦；
桃花若憐簾裏人，花兒也要為她分憂，
簾櫳隔斷裏外情，東風為他們相透露。
東風穿透簾櫳紗，鮮艷桃花開滿院庭，
院前春色無限好，悲傷心情更加沉重；
空蕩院落滿青苔，院門虛掩寧靜無聲，
玉石欄杆人依撫，夕陽照著孤寂身影。
倚欄人兒多孤單，面對東風低聲微泣，
紅色衣裙悄然動，輕盈地挨著桃花立；
桃花桃葉繁似錦，花葉花瓣分散披離，
花苞裂開露紅嘴，花葉凝結顯得碧綠。
像是彌漫著煙霧，封鎖桃樹千株萬株，
映紅樓閣照牆壁，烈火紅雲分不清楚。
天上織女紡車上，垂下燒破的鴛鴦錦，
春夢沉酣剛要醒，移動紅色珊瑚睡枕；
侍女悄悄捧金盆，送來泉水清涼透明，
盪漾微香現波紋，映照水珠胭脂冰冷。
濃麗胭脂多鮮艷，甚麼可以和它比美：
只有桃花人眼淚，花色淚珠相互伴隨；
如將人淚比桃花，淚泉泛泛桃花芬芳，
淚水長流情不斷，桃花鮮艷總顯明媚；
淚水盈眶看桃花，花色明媚淚水易乾，
淚水流乾春已盡，桃花容貌不堪憔悴。

憔悴的桃花自殘，遮掩人面憔悴枯黃，

殘花飄零人疲倦，晚霞鋪滿黃昏來臨；

杜鵑聲聲悲涼啼，春光桃花同時歸盡，

寂寞窗簾垂依舊，朗月銀光留印冷痕！

【注釋】

⑴閒苔：苔，青苔；閒苔，院中寂靜，青苔也無人過問。

⑵茜裙：茜，茜草，根可作紅色染料；茜裙，紅色裙子。

⑶天機：天上仙女的織機。

⑷春酣句：春酣，春日的酣睡；珊枕，珊瑚枕。

⑸杜宇：鳥名，又名杜鵑、子規，啼聲悲涼。《寰宇紀》："蜀王杜宇，號望帝，後因禪位，自亡去，化爲子規。"唐李義山《無題》詩："望帝春心托杜鵑。"

三十二、柳絮詞（第七十回）

史湘雲：如夢令·柳絮

豈是繡絨才吐，卷起半簾香霧。纖手自拈來，空使鵑啼燕妒。且住，且住！莫使春光別去！

【語譯】

絲絲絨絨的白絮，這哪裏是剛剛吐出，隨風捲起半個窗簾，像散發清香的雲霧。伸出柔弱的玉手，輕輕地將它捉住，不理會杜鵑的啼鳴，燕子的嫉妒。柳絮啊，你停住，停住！不要讓那美好的春光，隨你飄散離去！

【注釋】

　　⑴如夢令：詞牌名，單調，三十三字。

　　⑵纖手：纖，細小；纖手，細弱的手。

賈探春：南柯子‧柳絮（半闋）

　　空掛纖纖縷，徒垂絡絡絲。也難綰繫也難羈，一任東西南北各分離。

【語譯】

　　徒然地沾掛，纖細纖細的絨毛，枉然地垂下，纏繞著的白絲絮。既無法把它拴住，也無法把它束繫，只好任憑它東西南北，紛飛飄散各分離。

【注釋】

⑴南柯子：詞牌名，有單調雙調兩體，單調二十六字，雙調五十二字。半闋，半首。

⑵纖縷：這裏是指纖細的絲絨狀態。

⑶絡絡：這裏是指連綿交織的狀態。

⑷綰繫：綰，盤繞，梅堯臣《桓妬妻》詩：“妾初見主來，綰髻下庭隅。”

⑸羈：束縛，繫絆。

賈寶玉：南柯子‧柳絮（半闋）

　　落去君休惜，飛來我自知。鶯愁蝶倦晚芳時，

縱是明春再見——隔年期！

【語譯】

　　我飄飄地落下，你不要憐惜，甚麼時候飛來，只有我自知。如今正是黃鶯憂愁，蝴蝶倦飛的暮春花落時，即使明年春天還能見到——已隔一年的約期！

【注釋】

(1)半闋：這半首是賈探春的下半首。《紅樓夢》第七十回："寶玉見香沒了，情願認輸，不肯勉強塞責，將筆擱下，來瞧這半首。見沒完時，反倒動了興，乃提筆續道……"

(2)晚芳時：晚芳，遲開的花；晚芳時，暮春時節，即春季的第三個月。

(3)隔年期：期，約會；《詩經・桑中》："期我乎桑中。"隔年期，一年後的約會，相隔一年，故說隔年期。

林黛玉：唐多令・柳絮

　　粉墮百花洲，香殘燕子樓。一團團，逐隊成球。漂泊亦如人命薄：空繾綣，說風流！

　　草木也知愁，韶華竟白頭。嘆今生，誰舍誰收！嫁與東風春不管；憑爾去，忍淹留！

【語譯】

　　百花洲上柳絮隨風落，燕子樓中芳香仍殘留。一團團的白絨，互相追逐結成球。漂泊流離也像人那樣命苦：難捨難分也沒有用，莫說往日的風流！

　　草木好像也知道憂愁，這樣年輕怎麼就白了頭。可嘆今生今世，誰留你住誰把你收留！隨著東風飄走春光也不管：任憑你四處散落，忍心無法讓你停留！

【注釋】

(1)唐多令：詞牌名，雙調，六十字。

(2)百花洲：地名，一在江西南昌，一在山東歷城。這裏是借用，即百花盛開的水中陸地。

(3)燕子樓：這裏泛指燕子居住過的樓。

(4)繾綣：形容情意纏綿，感情好得分不開。

(5)韶華：美好的時光，也指青春年華。

薛寶琴：西江月·柳絮

　　漢苑零星有限，隋堤點綴無窮；三春事業付東風，明月梨花一夢。

　　幾處落紅庭院，誰家香雪簾櫳：江南江北一般同，偏是離人恨重！

【語譯】

　　漢代宮苑裏的柳絮零零星星，隋堤上點綴的楊花無盡無窮；春天的錦繡繁華已被東風送走，月光照著梨花，像是不再重返的夢境。

　　多少處院落，紅色花瓣風捲飄零，又是誰家窗簾下，沾滿清香柳絨：江南和江北，都是一樣晚春風景，爲此感到悲傷，只是離愁別恨太濃！

【注釋】

⑴西江月：詞牌名，雙調，五十字。

⑵漢苑：漢代的宮苑，這裏是泛指。

⑶隋堤：隋代的河堤，這裏是泛指。

⑷落紅：落花。

薛寶釵：臨江仙·柳絮

白玉堂前春解舞，東風卷得均勻。蜂圍蝶陣亂紛紛；幾曾隨逝水？豈必委芳塵？

萬縷千絲終不改，任他隨聚隨分。韶華休笑本無根：好風憑借力，送我上青雲。

【語譯】

白玉堂前的春光最懂怎樣舞得動人，讓東風吹起柳絮，漫天漫地撒得均勻。蜜蜂圍繞蝴蝶成群，紛紛揚揚一片繁似錦：甚麼時候隨著流水遠去？又何必落在散發清香的埃塵？

千絲萬縷連繫著，自始至終不改變，任憑他到處飄遊，不管是團聚還是離分。春光啊，不要笑我輕狂原本就無根：我要憑借那東風強勁的力量，一直送我一步一步升上青雲。

【注釋】

⑴臨江仙：詞牌名，雙調，六十字。

⑵白玉堂：指舊時貴族家的住宅豪華。見前應天府《護官符》注
　　釋。

⑶解舞：懂得怎樣舞得好。解，理解、懂得。

⑷逝水：流水。逝，離去。

⑸青雲：追求功名利祿，飛黃騰達，稱爲青雲直上。《史記·范
　　睢傳》：“不意君能自致於青雲之上。”

三十三、中秋夜大觀園即景聯句
三十五韻（第七十六回）

三五中秋夕，清遊擬上元。

撒天箕斗燦，匝地管弦繁。

幾處狂風舞？誰家不啟軒？

輕寒風剪剪，良宵景暄暄。

爭餅嘲黃髮，分瓜笑綠媛。

香新榮玉桂，色健茂金萱。

蠟燭輝瓊宴，觥籌亂綺園。

分曹尊一令，射覆聽三宣。

骰彩紅成點，傳花鼓濫喧。

晴光搖院宇，素粉接乾坤。

賞罰無賓主，吟詩序仲昆。

構思時倚檻，擬句或依門。

酒盡情猶在，更殘樂已諼。

漸聞語笑寂，空剩雪霜痕。

階露團朝菌，庭煙斂夕楢。

秋湍瀉石髓，風葉聚雲根。

寶婺情孤潔，銀蟾氣吐吞。

藥催靈兔擣，人向廣寒奔。

犯斗邀牛女，乘槎訪帝孫。

盈虛輪莫定，晦朔魄空存。

壺漏聲將涸，窗燈焰已昏。

寒塘渡鶴影，月冷葬詩魂。

香篆銷金鼎，冰脂膩玉盆。

簫憎嫠婦泣，衾倩侍兒溫。

空帳悲文鳳，閒屏設彩鴛。

露濃苔更滑，霜重竹難捫。

猶步縈紆沼，還登寂歷原。

石奇神鬼搏，木怪虎狼蹲。

贔屭朝光透，罘罳曉露屯。

振林千樹鳥，啼谷一聲猿。

歧熟焉忘徑？泉知不問源。

鐘鳴櫳翠寺，雞唱稻香村。

有興悲何極？無愁意豈煩？

芳情只自遣，雅趣向誰言！

徹旦休云倦，烹茶更細論。

【語譯】

八月十五中秋的美好夜晚，清雅遊賞有如元宵節一般。
夜空中撒滿星斗光輝燦爛，四處奏響紛繁悅耳的管弦。
多少人家在狂熱舉杯暢飲？哪家不打開軒窗盡情暢談？
微微吹起的秋風送來寒意，月夜的景色喚起歡騰一片。
可笑的老人也在手吃月餅，綠衣姑娘為分瓜笑聲不斷。
華榮的桂樹正飄散著清香，茂盛的北堂萱草顏色正艷。
燭光輝煌照耀豐盛的酒宴，繁忙的猜酒行令震動花園。
分散的遊戲遵從同一規定，隱語問答要聽從令官之言。
彩色的骰子染有紅色花點，擊鼓傳花盡情地敲打喧天。
明朗的月光移動庭院物影，潔白的光彩把天地緊鑲連。
受賞挨罰不論主人和賓客，吟詩作賦卻有優劣的區分。
構思時常常倚著欄杆凝思，措詞煉字時又靠門扉低吟。
酒液喝盡人們還餘興未消，歡飲使人們忘記長夜將盡。
聽那歡聲笑語漸漸地沉靜，只剩霜路上留下零亂足痕。
晨露的台階潤濕團團苔菌，院中合歡樹在晚煙裏低沉。
鐘乳石洞流淌疾速的秋水，風中落葉層積著像是雲根。
婺女星的性格太孤僻清高，銀色的蟾蜍吐氣貫穿月輪。
催促月宮的玉兔趕緊搗藥，人們想凌空飛向廣寒月宮。

進入北斗去邀請牛郎織女，乘坐仙槎拜訪天帝的女孫。

月亮的圓缺本無固定不變，三十初一尚存光彩卻潛沉。

銅壺滴漏聲很快就要停息，窗前燭燈光焰已暗淡幽昏。

陰森的池塘掠過白鶴身影，清冷的月光凝住詩人心神。

記時的篆香燃燒在銷金鼎，微涼的胭脂沉積在白玉盆。

簫聲像寡婦哭泣令人憎惡，招喚丫環把被窩替我焐溫。

空帳上鳳凰花紋引起哀思，閒擺的屏風畫著彩色駕禽。

露水濃重使階上青苔更滑，霜花繁厚使翠竹難以撫弄。

沿著那曲折的池沼邊散步，又登上那寂靜的高地遊巡。

奇狀的石崢像神鬼在搏鬥，怪特的樹木如虎狼在盤蹲。

叢碑下面的石龜透出晨光，檐下蛛網落滿早晨的露珠。

濃密的樹枝上驚動了鳴雀，幽深的山谷中傳來了猿啼。

路上岔道熟悉後怎能忘記？通曉泉聲不用再探詢源頭。

鄰近的櫳翠庵正敲響晨鐘，雄雞高唱喚醒沉寂的鄉村。

既有餘興為甚麼過分哀傷？沒有憂愁怎麼能意亂心煩？

女孩的情感只能自己排解，純真的情意能夠對誰交談！

通宵達旦且莫說疲勞困倦，煮起茶來再詳細分析思量。

【注釋】

⑴三五：每月的第十五天，也稱望日。

⑵上元：陰歷的正月十五日為上元。

⑶箕斗：箕、斗，二十八星宿中的兩個星宿，後來常以箕、斗概
　稱天上星斗。

⑷暄暄：溫暖、融洽。

⑸爭餅句：餅，月餅；黃髮，老人，《爾雅》："黃髮，壽
　也。"

(6)分瓜句：指中秋節吃西瓜的風俗。媛，少女；綠，指綠色的服飾。

(7)色健句：萱，萱草，萱亦作諼。《詩經·伯兮》："焉得諼草，言樹之背。"因稱母親爲萱，或萱堂。這句是隱喩母輩身體健康。

(8)瓊宴：瓊，美玉，引申爲美好；瓊宴，豐盛美好的宴席。

(9)觥籌：觥，古代角質酒杯；籌，籌碼，記數的用具。觥籌，這裏指飲酒時用以助興的遊戲。

(10)分曹：曹，原爲古時職官中分科管事的意思；分曹，指酒令遊戲中各行各令。

(11)射覆：一種猜物遊戲，將某物品用盆蓋住，讓人猜測，猜測者不能直接說出，要用隱語影射"射覆"的物品。（見六十二回）

(12)傳花：擊鼓傳花遊戲。就是在酒席間依次傳花，另使人背向擊鼓，鼓停時未將花傳至下一人者受罰，（見七十五回）

(13)吟詩句：序，即"長幼有序"的次序；仲昆，即仲昆、弟兄，賈誼《治安策》："實皆有布衣昆弟之心。"

(14)更殘句：古時一夜分五更；更殘，五更將盡，天將要亮；諼，忘，《詩經·淇澳》："諼，忘也。"

(15)秋湍句：湍，急流；瀉，水的傾湧；石髓，鐘乳石。

(16)楷：合歡樹，又名合昏樹，枝葉入夜則合。

(17)風葉句：風葉，風中的樹葉；雲根，山石，古人認爲山中雲氣由石而生，故稱石爲雲根。杜甫《瞿塘兩岸》詩："入天猶水色，穿水忽雲根。"

(18)寶婺：婺，婺女星，又名須女星。傳說其神爲女性，《爾雅》："須女謂之婺女。"

⒆銀蟾：蟾，月亮，傳說月中有蟾蜍，故稱月宮爲蟾宮，《春秋孔演圖》："蟾蜍月精也。"

⒇藥催：神話傳說月中有兔搗藥。杜甫《月詩》："入河蟾不沒，搗藥兔長生。"

㉑廣寒：月宮又稱廣寒宮。《十洲記》："冬至後，月養魄於廣寒宮。"

㉒犯斗句：犯，別的星體侵入另一星座爲犯；斗，斗宿；牛女，即牽牛織女二星。

㉓乘槎句：槎，木筏，這裏指傳說中的仙筏。據《荊楚歲時記》敘述：漢武帝時，張騫出使大夏，乘坐一隻木筏，尋找河源，後來到了天上，見到牛郎、織女。帝孫，指織女，《漢書·天文志》："織女，天帝孫也。"

㉔盈虛：盈，月滿；虛，月缺。

㉕晦朔句：晦，月盡爲晦，稱陰歷三十爲晦；朔，月初爲朔，稱陰歷初一爲朔，魄，月初生時的微光。

㉖香篆句：香篆，以篆文記時刻在香上；銷金鼎，指一種鑲金的鼎形香爐。

㉗簫憎句：憎，憎恨；嫠婦，即寡婦。

㉘文鳳：文同紋；文鳳，彩鳳。

㉙捫：撫摸。

㉚贔屭：傳說中的動物。一說爲龍屬，即碑碣上刻的獸類；一說爲龜屬，即碑下負碑的動物。

㉛罘罳：古代設在宮門外城角上的網狀屏障，後也稱檐下、窗上防鳥雀的網爲罘罳。

三十四、姽嫿詩（第七十八回）

賈蘭：姽嫿詩

姽嫿將軍林四娘，玉為肌骨鐵為腸。

捐軀自報恆王後，此日青州土尚香。

【語譯】

既嫻靜又勇武的將軍林四娘，白玉般的肌骨鋼鐵樣的肝腸。

為國捨棄生命報效恆王以後，如今的青州還存有她的脂香。

【注釋】

(1)姽嫿：姽，形容女性嫻靜美好；嫿，形容女子勇武奔馳。

(2)林四娘：相傳東漢末年一位王爵，封為恆王，出鎮青州。他有許多侍姬，其中一位姓林排行第四，稱為林四娘，不僅姿色美麗，而且武藝更精，深得恆王寵愛，命她統領諸姬，操練武藝，並稱作姽嫿將軍。

(3)恆王：相傳是東漢末年一位王爵，封為恆王，鎮守青州。由於輕敵，在征剿黃巾大軍時被殺。寵姬林四娘率全家女兵為夫報仇，亦戰死。

(4)土尚香：意為還傳頌林四娘義勇之事。

賈環：其二

> 紅粉不知愁，將軍意未收。
>
> 掩啼離繡幕，抱恨出青州。
>
> 自謂酬王德，誰能復寇仇。
>
> 好題忠義墓，千古獨風流。

【語譯】

紅妝粉黛的女子哪裏曉得愁，將軍的意願還沒有來得及酬。
強忍悲傷淚水率領女兵出恆，懷著滿腔仇恨血戰來到青州。
她發誓定要報答恆王的恩德，除她還有誰報復殺夫的深仇。
墓碑上題寫著盡忠的凜然義，千古傳頌她特有的巾幗風流。

【注釋】

(1)紅粉：舊時指女性紅妝艷抹。

(2)意未收：指恆王生前對林四娘的寵愛，到死的時候還沒有改變。

(3)繡幕：指林四娘在恆王府中的居處。

(4)忠義墓：指林四娘在青州的墳墓，墓碑上刻有忠義等碑文。

賈寶玉：其三

> 恆王好武兼好色，遂教美女習騎射。
>
> 穠歌艷舞不成歡，列陳挽戈為自得。
>
> 眼前不見塵沙起，將軍倩影紅燈裏。

叱吒時聞口舌香，霜矛雪劍嬌難舉。

丁香結子芙蓉縧，不繫明珠繫寶刀。

戰罷夜闌心力怯，脂痕粉漬污鮫綃。

明年流寇走山東，強吞虎豹勢如峰。

王率天兵思剿滅，一戰再戰不成功。

腥風吹折隴中麥，日照旌旗虎帳空。

青山寂寂水漸漸，正是恆王戰死時。

雨淋白骨血染草，月冷黃昏鬼守屍。

紛紛將士只保身，青州眼見皆灰塵。

不期忠義明閨閣，憤起恆王得意人。

恆王得意數誰行？姽嫿將軍林四娘。

號令秦姬驅趙女，穠桃艷李臨疆場。

繡鞍有淚春愁重，鐵甲無聲夜氣涼；

勝負自難先預定，誓盟生死報先王。

賊勢猖獗不可敵，柳折花殘血凝碧。

馬踐胭脂骨髓香，魂依城郭家鄉隔。

星馳時報入京師，誰家兒女不傷悲！

天子驚慌愁失守，此時文武皆垂首。

何事文武立朝綱，不及閨中林四娘？

我為四娘長嘆息，歌成餘意尚彷徨！

【語譯】

　　恆王愛好武功又喜歡女色，便教練宮中美女演習騎射；
穠歌艷舞都引不起他歡心，唯有列陣操戈才洋洋自得。
眼前一派昇平不見硝煙塵，紅燈裏女將身影時現時隱。
叱吒風雲口舌生香氣可聞，霜雪般的矛劍嬌手難舉穩。
丁香花結配著芙蓉色絲帶，不是繫著明珠而是配寶刀。
操演完畢夜深人靜精力竭，汗水沖刷胭脂痕跡污鮫綃。
第二年流寇紛起太行以東，強悍如狼似虎又好像蜂湧。
恆王率領官兵一心想剿滅，卻累戰失敗終究不能成功。
腥風血雨吹打野地的麥禾，白日映照軍旗虎帳早已空。
青山沉寂嗚咽流水響潺潺，正是恆王拼殺沙場死亡時。
雨水淋屍骨鮮血染透荒草，黃昏冷月只有鬼魂守死屍。
朝廷眾多將士只管身自保，眼看青州遍遭屠戮化灰燼。
不料深明大義的出自閨閣，憤起赴難的是恆王得意人。
恆王意中人哪個能夠承當？只有那嫻靜勇武的林四娘。
她發出號令指揮姬妾女兵，濃妝艷抹的宮女齊奔戰場；
彩繡馬鞍班痕淚跡春愁重，遍身鐵甲靜無聲夜氣寒涼。
兵家勝敗自然事先難料定，奮不顧身只為誓盟報恆王。
寇賊聲勢猖厥已不可抵擋，柳折花殘女將鮮血凝草場。
馬蹄踐踏胭脂粉面香骨髓，魂靈依附城廓家鄉永隔離。
星夜奔馳把消息報告京城，哪家聽到女兒陣亡不傷悲！
天子驚聞青州失守添焦慮，可文武百官卻低頭不吭聲。
文臣武將憑甚麼掌握朝綱，忠義反不如女輩中林四娘？

　　我深爲四娘事跡悲嘆不止，長歌難盡之情心中仍激蕩！

【注釋】

⑴穠歌艷舞：穠歌，歌曲的感情濃烈；艷舞，舞蹈的場面華麗。

⑵叱吒：戰鬥時呼喊的聲音。

⑶丁香結子：丁香的花蕾緊嚴，故稱丁香結，此處指衣帶上的扣結。

⑷山東：山，指太行山；山東，即太行山東側。這裏是泛指。

⑸天兵：官府的軍隊。

⑹虎帳：古代軍事指揮者發號施令所在的營幕，主帥座席上常設虎皮或後屏上常畫虎形，以顯示威嚴。

⑺秦姬趙女：秦、趙都是戰國時國名，在今陝西、河南一帶；秦姬趙女，泛指恆王侍妾之多。

⑻朝綱：朝，朝庭；綱，原則；朝綱，封建王朝施政的原則。

三十五、賈寶玉：芙蓉女兒誄（詩歌部份）（第七十八回）

天何如是之蒼蒼兮，乘玉虯以遊乎穹窿耶？

地何如是之茫茫兮，駕瑤象以降乎泉壤耶？

望傘蓋之陸離兮，抑箕尾之光耶？

列羽葆而為前導兮，衛危虛於傍耶？

驅豐隆以為庇從兮，望舒月以臨耶？

聽車軌而伊軋兮，御鸞鷖以征耶？

聞馥郁而飄然兮，紉蘅杜以為佩耶？

爛裙裾之爍爍兮，鏤明月以為璫耶？

借葳蕤而成壇畤兮，檠蓮焰以燭蘭膏耶？

文瓟匏以為觶斝兮，灑醁醽以浮桂醑耶？

瞻雲氣而凝眸兮，彷彿有所覬耶？

俯波痕而屬耳兮，彷彿有所聞耶？

期汗漫而無際兮，忍捐棄予於塵埃耶？

倩風簾之為余驅車兮，冀聯轡而攜歸耶？

余中心為之慨然兮，徒嗷嗷而何為耶？

卿偃然而長寢兮，豈天運之變於斯耶？

既窀穸且安穩兮，反其真而又奚化耶？

余猶桎梏而懸附兮，靈格余以嗟來耶？

來兮止兮，卿其來耶？

【語譯】

長天為何如此碧藍幽深，是你乘玉虹在高空遨遊？

大地怎麼這樣曠遠迷茫，是你駕著象車降臨黃泉？

我見你香車寶蓋在閃耀，還是箕尾兩星宿在放光？

隊列舉著羽扇作為前導，車旁衛隊是危虛兩星宿？

命令風神作為你的後衛，你是否望著月宮要登上？

彷彿聽到你車轍咿呀響，是你駕鳳凰車走向遠方？

像是聞到一股濃郁芳香，是你把香草穿起在身上？

你那衣裙閃動燦爛光彩，是你把明月珠作為耳環？

儀仗隊的花束形成花壇，是高腳蓮花燈燃燒脂香？

是彩飾葫蘆杯潑灑美酒，還是漫溢的桂花玉瓊漿？

你仰望高空雲氣在凝思，好像看到了甚麼？

你俯身貼耳在波浪之上，彷彿聽到了甚麼？

本來約定同遊天地宇宙，為何把我丟棄在塵世間？

請風神為我駕起車子吧，你我並駕齊驅一同歸來？

我為此而悲憤慨然長嘆，白白地呼天搶地有何用？

如今你長眠地下無聲息，天道運行竟錯亂成這樣？

既然葬身黃泉這樣安穩，靈柩返真為何肉體形銷？

我因塵世羈絆暫留人間，是你魂靈讓我喚你歸來？

快來吧，停下吧，姑娘啊，你回來吧！

【注釋】

⑴天何句：何，為甚麼；蒼蒼，深青色，《爾雅·釋天》："天形穹窿，其色蒼蒼。"

⑵乘玉虯句：玉，白玉石，這裏是白色的意思；虯：無角龍，屈原《天問》："焉有虯龍，負熊以遊？"。

⑶駕瑤象句：瑤象，駕與上句"乘"為對文，瑤與"玉"為互文，故可釋為白色大象；泉壤，黃泉地下，即人死後靈魂歸去的地方，亦即陰間。

⑷望傘蓋句：蓋，車上天棚；陸離，五光十色。

⑸抑箕尾：抑，還是，或者；箕、尾，星宿名，都是二十八宿之一。古時稱人死後靈魂上天，為騎箕尾，《莊子·大宗師》：

"傳說得之以相武丁，奄有天下，乘車維，騎箕尾，而比於列星。"《宋書·趙鼎傳》："鼎自書銘旌曰：'身騎箕尾歸去，氣作山河壯本朝。"

(6)羽葆：以各色羽毛裝飾的華蓋，爲儀仗隊所執之物。

(7)衛危虛句：即"危虛衛於旁"的倒裝。危、虛是二十八宿中的兩個星宿。

(8)豐隆：雲神，《離騷》："吾令豐隆乘雲兮，"雲神也即雲師。

(9)望舒月句：望，遠看，與上句"驅"爲對文；舒月，即月亮，因月神爲望舒，故稱月爲舒月。

(10)御鸞驚以征兮：御，駕馭；鸞，似鳳，色五彩，多青色；驚，鳳一類的鳥，古人用來作車飾，《離騷》："駟玉虬以乘驚兮。"征，遠行。

(11)紉蘅杜句：紉，繩索，這裏作動詞，串穿連綴；蘅，杜蘅，一種香草；杜，甘棠，又名棠梨，賈思勰《齊民要術·種梨》："杜樹大者插五枝，小者或三或二。"

(12)鏤明月句：明月，一種名貴的珍珠，光澤極好，故稱明月珠；璫，耳上的裝飾品。

(13)葳蕤句：葳，草木枝葉下垂的樣子；蕤，草木花下垂的樣子；葳蕤，草木茂盛，枝葉和花下垂。也指下垂的裝飾品。

(14)檠：一種高燈架。

(15)文瓟匏句：文，同紋，這裏作動詞，繪上花紋；瓟匏，一種葫蘆，俗名瓢葫蘆；觶，角質酒具；斝，玉質酒器，繪有禾穗。全句的意思是：把剖開的葫蘆繪上花紋作爲酒杯。

(16)灑醹酥句：醹酥，美酒名，《抱樸子·嘉遯》："寒泉旨於醹

醁；"醑，酒中最清者；桂醑，即桂花酒；灑、浮，都是灑滿
溢出的意思。

⒄覘：窺視。

⒅期汗漫二句：期，約會；汗漫，宇宙無限深遠的地方，《淮南
　子・道應》："吾與汗漫期於九垓之外"（注："不可知
　也"）。塵埃，大地，人世。

⒆風廉：即風伯，風神。

⒇余中心二句：中心，內心深處；噭，悲哭聲。

㉑卿偃然而長寢：偃然，仰面僵臥的樣子；長寢，長眠。

㉒窀穸：墓穴。《左傳・襄公十三年》注："窀，厚也；穸，夜
　也。厚夜猶長夜，長夜謂埋葬。"

㉓余猶桎梏二字：桎梏，鉗鏀手足的刑具，《周禮》鄭玄注：
　"在足爲桎，在手爲梏。"也就是腳鐐手銬。道家以形體爲精
　神的桎梏，人死，精神脫離肉體爲返眞，爲超脫。懸附，《莊
　子・大宗師》："彼以生爲附贅懸疣以死爲決疣潰癰。"靈，
　靈性；格，感通；嗟來，呼喚聲，《莊子・大宗師》："嗟來
　桑戶乎！"（桑戶，人名。）

三十六、賈寶玉：紫菱洲歌（第七十九回）

池塘一夜秋風起，吹散芰荷紅玉影；

蓼花菱葉不勝悲，重露繁霜壓纖梗。

不聞永晝敲棋聲，燕泥點點污棋枰；

古人惜別憐朋友，況我今當手足情！

【語譯】

昨夜寧靜的池塘，掠過寒冷的秋風，

菱花芙蓉粉紅姿，從此紛紛地飄零；

低垂的蓼花菱葉，經不住離別傷悲，

濃重的寒露晨霜，壓著細弱的枝梗。

漫長的夏夜已過，聽不到敲響棋聲，

只剩燕窩的泥土，點點地落滿棋枰；

古人寫過惜別詩，痛愛他知心朋友，

何況我今天感受，是骨肉相連之情！

【注釋】

⑴茭：生在水中的菱草，俗稱菱角；荷，荷花，別名芙蓉，《離騷》：“制茭荷以爲衣。”

⑵永晝句：永，長；永晝，長日，指夏季白天長。敲棋，敲響棋子，宋趙師秀《約客》詩：“有約不來過夜半，閒敲棋子落燈花。”

⑶棋枰：棋盤。

⑷手足情：手足，兄弟、姊妹之間的關係稱爲手足關係；手足情，這裏指賈迎春出嫁所引起的傷感。《紅樓夢》七十九回：“只聽那娶親的日子甚近，不過今年就要過門的。又見邢夫人等回了賈母，將迎春接出大觀園去。”

三十七、薛寶釵：寄林黛玉書（第八十七回）

悲時序之遞嬗兮，又屬清秋。感遭家之不造兮，獨處離愁。北堂有萱兮，何以忘憂。無以解憂兮，我心咻咻。

雲憑憑兮秋風酸，步中庭兮霜葉乾。何去何從兮，失我故歡！靜言思之兮惻肺肝。

惟鮒有潭兮，惟鶴有梁，鱗甲潛伏兮，羽毛何長！搔首問兮茫茫，高天厚地兮，誰知余之永傷？

銀河耿耿兮寒氣侵，月色橫斜兮玉漏沉。憂心炳炳兮，發我哀吟。吟復吟兮，寄我知音。

【語譯】

悲嘆這時令節氣變化真快，一轉眼又到了清寒的深秋。感傷的是家世不濟遭厄運，孤寂地忍受著那別恨離愁。家中還有年邁體弱的老母，怎麼能拋棄煩惱惦念擔憂。用甚麼辦法化解心中憂慮，我的心痛切地嘮叨永不休。

慘淡的陰雲秋風讓人辛酸，庭院中霜打的樹葉已枯乾。有甚麼地方能讓我安身啊？失去了我原有的快樂欣歡！靜靜的思念又使我撕肺肝。

就連鱘魚也有潛身的深潭，僅是鶴鳥也有棲息的房梁。請看那鱗片生得多麼整齊，請看那羽毛長得多麼豐滿！我抓著頭問自己感到茫然，高深的蒼天廣漠的大地呀，哪個能了解我悠長的愁傷？

　　銀河閃著微光那寒氣襲人，月亮斜掛在空中滴漏已沉。心中的憂悶真像火光燎烤，我長噓短嘆吐發哀憐沉吟。沉吟復沉吟啊沉吟復沉吟，寄念著我的知己最親的人。

【注釋】

⑴悲時序句：時序，指季節氣候按自然規律循環；嬗，變遷，交替。

⑵造：造化，福氣，運氣。

⑶萱：萱堂，指母親的居室，又指代母親。葉夢得《再任後遣模歸按視石林》：「白髮萱堂上，孩兒更共懷。」

⑷咻：痛念的聲音。

⑸惻：悲痛。《舊唐書·柳宗元傳》：「為騷文中數篇，覽之者為之淒惻。」

⑹鮪：鱘魚，有硬鱗。

⑺茫茫：無所知。

⑻惟：句首語氣助詞，起強調作用。

⑼耿耿：微明的樣子，白居易《上陽白髮人》詩：「耿耿殘燈背壁影。」

⑽炳炳：光明、明顯的樣子。

三十八、林黛玉：感秋聲撫琴（第八十七回）

　　風蕭蕭兮秋氣深，美人千里兮獨沉吟。望故鄉兮何處？倚欄杆兮涕沾襟。

　　山迢迢兮水長，照軒窗兮明月光。耿耿不寐兮銀河渺茫，羅衫怯怯兮風露涼。

　　子之遭兮不自由，予之遇兮多煩憂。之子與我兮心焉相投，思古人兮俾無尤。

　　人生斯世兮如輕塵。天上人間兮感夙因。感夙因兮不可惙，素心如何天上月！

【語譯】

　　寒風呼呼地吹喲，三秋已深，姑娘我在千里之外喲，獨自悲嘆沉吟。眺望故鄉喲，你在哪裏？我倚撫欄杆喲，淚水浸濕衣襟。

　　山路遙遠喲，水路漫長，照在門窗上的只是清冷的月光。心煩意亂無法入睡喲，銀河迷茫，絲綢衣衫不停抖動喲，風吹露水冰涼。

　　您寄人籬下喲，身不由己。我身處逆境喲，多有煩惱傷憂。這你和我心心相印志趣相投。思念古人喲，不使他有過尤。

　　人降生到這個世上喲，像輕微的埃塵，天上人間相通喲，平

素因果有感應。心靈感應相通啲，不該有憂傷。純潔的心跟天上
的明月有甚麼不同！

【注釋】

(1)蕭蕭：形容風聲，杜甫《後出塞・其一》詩："馬鳴風蕭
蕭。"

(2)軒：窗戶或門，杜甫《夏夜嘆》詩："開軒納微涼。"

(3)耿耿，形容心中不安的樣子，《詩經・邶風・柏舟》："耿耿
不寐，如有隱憂。"

(4)茫茫：沒有邊際，看不清。

(5)俾：使。

(6)尤：罪過，過錯。任昉《爲齊明帝讓宣城群公第一表》："非
臣之尤，誰任其咎。"

(7)夙：平素，過去。杜甫《驄馬行》："夙昔傳聞思一見。"
因，因果報應。

(8)惙：惙惙，形容憂愁。《詩經・召南・草蟲》："憂心惙
惙。"

三十九、賈惜春：悟禪偈（第八十七回）

大造本無方，云何是應住？

既從空中來，應向空中去。

【語譯】

高深的造化應本無參禪定法，說甚麼應當在這凡塵間寄住？

　　既然是從飄緲的仙境中走來，還應該向那渺茫的空中歸去。

【注釋】

⑴造：造化、福氣、運氣。

⑵住：停住、留下。此處指妙玉在大觀園櫳翠庵做道姑。

四十、賈寶玉：悼晴雯詞（第八十九回）

　　　隨身伴，獨自意綢繆。誰料風波平地起，頓教軀命即時休，孰與話輕柔？

　　　東逝水，無復向西流。想像更無懷夢草，添衣還見翠雲裘，脈脈使人愁！

【語譯】

　　你是我隨身親密的伴侶，我倆各自的感情那樣深厚，哪裏想到一場風波平地起，頃刻間你韶華生命被奪走，內心的溫情還能對誰傾吐？

　　向東方流去的河水，再也不能往西倒流。想念你可沒有那珠“懷夢草”，添衣時還見你織補的“翠雲裘”；情思脈脈又使我更加憂愁！

【注釋】

⑴綢繆：綢，纏繞，《爾雅·釋天》：“素錦綢杆。”綢繆，纏繞，束縛，《詩經·唐風·綢繆》：“綢繆束薪。”引伸為感情聯繫密切深厚。

(2)懷夢草：傳說中的仙草。據《洞冥記》記載，漢武帝寵愛的李夫人死去，他思念很深，不能重見。後來東方朔獻給他一株仙草，夜間佩戴，果然在夢中會見了李夫人，於是給這株仙草賜名為"懷夢草"。

(3)添衣句：《紅樓夢》八十九回：焙茗走進來回寶玉道："二爺，天氣冷了，再添些衣裳罷。"寶玉點點頭兒。只見焙茗拿進一件衣裳來，寶玉不看則已，看了時，神已痴了。那些小學生都巴著眼，卻原來是晴雯所補的那件"雀金裘"；翠雲裘，指雀金裘。

四十一、詠冬海棠詩（第九十四回）

賈寶玉：詠冬海棠

海棠何事忽摧隤？今日繁花為底開。

應是北堂增壽考，一陽旋復佔先梅。

【語譯】

海棠為甚麼突然改變原有的花期？
今天滿樹繁花是為著甚麼事乍開。
應著高堂老母增添福氣又添壽旦，
天氣立即回陽轉暖搶在臘梅之先。

【注釋】

(1)何事：為何，為甚麼，甚麼緣故。

(2)摧隤：摧，破壞；隤，倒塌，使倒塌；摧隤，破除、推倒，引伸為改變。這裏是指海棠改變了它原來的花期。

(3)北堂：即萱堂，母親的居室，也指母親。

(4)壽考：壽，壽命；考，年紀大，《詩經·小雅·楚茨》：「使君壽考。」

賈環：其二

> 草木逢春當茁芽，海棠未發候偏差。
>
> 人間奇事知多少，冬月開花獨我家。

【語譯】

　　花草樹木每到春天就應當發芽，

　　海棠還沒萌發時令卻發生偏差。

　　世間稀奇怪特的事不知有多少，

　　冬季海棠開花惟獨只有我一家。

【注釋】

(1)茁：植物才生長出來的樣子，《詩經·召南·騶虞》：「彼茁者葭。」（葭，初生的蘆葦。）

(2)候偏差：候，氣候，時令；候偏差，氣候發生了變化，改變了原來的規律。

賈蘭：其三

> 煙凝媚色春前萎，霜浥微紅雪後開。
>
> 莫道此花知識淺，欣榮預佐合歡杯。

【語譯】

　　煙霧凝重嫵媚的色彩春前萎謝，
　　霜露潤濕著淡紅花苞雪後乍開。
　　不要說這海棠花沒有甚麼靈性，
　　欣欣向榮的繁花預示合家歡暢。

【注釋】

　　⑴浥：濕潤的樣子。
　　⑵佐：幫助

四十二、結紅樓夢偈 （第一百二十回）

　　說到辛酸處，荒唐愈可悲。
　　由來同一夢，休笑世人痴！

【語譯】

　　敘說到那使人感到淒酸的地方，
　　事態演變得那樣離奇更加可悲。
　　古往今來塵世生活都是一場夢，
　　不要去嘲笑人們還在迷惘沉醉！

【注釋】

⑴結紅樓夢偈：此詩是高鶚作，《國朝歷科題名碑錄》：" 高
　　鶚，漢軍鑲黃旗內務府人。" 《國朝御史題名》：" 高鶚，漢
　　軍鑲黃旗人，乾隆乙卯進士，由內客侍讀選考江南道御史，刑
　　科給事中。" 張問陶《贈高蘭墅（鶚）同年》詩：" 傳奇《紅

樓夢》八十回以後俱蘭墅所補。"

⑵說到辛酸處：高鄂續《紅樓夢》後四十回，正是故事中各種矛盾激烈展開，賈、史、王、薛四大家族全面崩潰，主要人物的遭遇發展到悲劇結局的部份。辛酸處，即指此，照應了第一回《青埂峰頑石偈》"一把辛酸淚"句。

⑶荒唐愈可悲：荒唐，指情節發展到出人意料之外，照應第一回《青埂峰頑石偈》"滿紙荒唐言"句。

⑷由來句：由來，從來；同一夢，同樣是一場春夢。